Wetzel | Derrida

Michael Wetzel

Derrida

Eine Einführung

Reclam

RECLAMS UNIVERSAL-BIBLIOTHEK Nr. 19631
2019 Philipp Reclam jun. Verlag GmbH,
Siemensstraße 32, 71254 Ditzingen
Gestaltung: Cornelia Feyll, Friedrich Forssman
Druck und Bindung: Kösel GmbH & Co. KG,
Am Buchweg 1, 87452 Altusried-Krugzell
Printed in Germany 2019
RECLAM, UNIVERSAL-BIBLIOTHEK und
RECLAMS UNIVERSAL-BIBLIOTHEK sind eingetragene Marken
der Philipp Reclam jun. GmbH & Co. KG, Stuttgart
ISBN 978-3-15-019631-1

Auch als E-Book erhältlich

www.reclam.de

Inhalt

Einleitung

Jacques Derrida (1930–2004) war nicht nur einer der bedeutendsten, sondern auch einer der originellsten Repräsentanten der gegenwärtigen französischen Philosophie. Zusammen mit Roland Barthes, Jacques Lacan, Michel Foucault, Gilles Deleuze, Louis Althusser, Emmanuel Lévinas und Jean-François Lyotard – Denker, mit denen Derrida zum Teil eng befreundet war – steht sein Name für jene intellektuelle Bewegung der zweiten Hälfte des 20. Jahrhunderts, die vom sogenannten Strukturalismus ihren Ausgang nahm. Gemeint ist mit diesem nicht unumstrittenen Begriff die in den 1950er- und 1960er-Jahren bei französischen Theoretikern unterschiedlichster Disziplinen der Humanwissenschaften sich durchsetzende gemeinsame Tendenz, ihren spezifischen Gegenstand im Zusammenhang einer *generellen Kulturtheorie* zu verorten, die ausgehend von Sprach- beziehungsweise Zeichenstrukturen entwickelt wurde. Gerade für die Philosophie bedeutete diese auf den Genfer Sprachwissenschaftler Ferdinand de Saussure zurückgehende *linguistische Wende* eine Abkehr vom Kanon der klassischen Metaphysik, wie sie auch für den Denkansatz Derridas entscheidend ist. Von Anfang an nämlich eröffnet sich für ihn unter dem geschichtlichen Gesichtspunkt semiologischer Strukturen ein anderer Blick auf die idealen Gegenstände der Philosophie, die erst im textuellen Zusammenhang linguistischer, ethnologischer, poetischer, ästhetischer sowie psychoanalytischer, politischer und ökonomischer Diskurse relevant werden.

Derrida ist aber mit dieser transdisziplinären Ausrichtung nicht schon gleich als Strukturalist zu vereinnahmen, was im Übrigen gleichermaßen für die Überwindung dieser Position im Sinne eines Post- oder Neostrukturalismus gilt. Die ideologischen Voraussetzungen für den 1930 Geborenen, der 1952 sein Studium in Paris aufnimmt, sind gleichwohl bestimmt durch die typische Konstellation der französischen Nachkriegsphilosophie, das heißt einerseits durch die Orientierung an den drei »Meisterdenkern« Hegel, Husserl und Heidegger, andererseits durch die Entdeckung der drei »Meister des Zweifels«, Nietzsche, Marx und Freud. Diese Konstellation wird nun für Derrida vor dem Hintergrund der Zeichentheorie Saussures neu lesbar, wobei er sich seinen eigenen Weg bahnt, der – wie er später betont – sicherlich nicht repräsentativ für die französische Philosophie mit ihren Diskontinuitäten, Brüchen und Konflikten ist. Nicht von ungefähr ist aber 1967 das Jahr, in dem er zum ersten Mal eine eigene Position einnimmt und am Vorabend der ein Jahr später an den Universitäten von Paris ausbrechenden Mai-Unruhen mit gleich drei Büchern seine Karriere startet: der semiologisch argumentierenden Husserl-Kritik *Die Stimme und das Phänomen*, dem sprachphilosophischen Hauptwerk *Grammatologie* und der dieses ergänzenden Aufsatzsammlung *Die Schrift und die Differenz.*

Derrida ist kein revolutionärer Denker im politischen Sinne. Womit er sich beschäftigt, sind Texte und deren Bedeutungsschichten. Dennoch sind die Anfänge seines Werkes durch die philosophische Situation von 1968 geprägt, in der sich die Pariser Intellektuellen darin einig waren, dass in den Diskursen als Repräsentationen des herrschenden Wissens zugleich politische Machtverhältnisse zum Ausdruck kommen und angreifbar werden. In diesem Sinne sind Derridas thematische Streuung und methodische Interdisziplinarität auch Ausdruck einer Revolte gegen die starren Grenzen der wissenschaftspolitisch isolierten Einzeldisziplinen und vor allem einer sich abschottenden Schulphilosophie, die sich fernab von der geschichtlichen Faktizität nur auf die Pflege ihrer eigenen Denktradition konzentriert. Von Anfang an gilt sein besonderes Interesse daher solchen Denkern, die sich durch eine »Ablehnung des Systems und der spekulativen Geschlossenheit« (SD 236) auszeichnen, und wird für ihn der sprachstrukturelle Ansatz seiner Lehrer und Zeitgenossen gerade in dem Maße fruchtbar, wie er die ideengeschichtlichen Grenzziehungen der akademischen Fächer überwindet. Das Stichwort der frühen Jahre lautet folglich *Spiel*, und zwar als *doppeltes Spiel* oder *Spiel der Differenzen* beziehungsweise der »différance« (POS 38, 50, 66), in dem nicht nur Grenzen von Begriffsbedeutungen überschritten, sondern auch die Willkürlichkeit beziehungsweise historische Zufälligkeit dieser Abgrenzungen aufgezeigt werden – ganz im Sinne des von Derrida hoch geschätzten poetologischen Ansatzes Mallarmés und seines *Würfelwurfes* »aleatorischer« Möglichkeit.

Derridas internationale Anerkennung, die in einem oft merkwürdigen Missverhältnis zu seiner fachlichen Würdigung im eigenen Lande steht, verdankt sich nicht zuletzt dieser Öffnung für ein unkonventionelles, spielerisches Engagement im weiten Feld kulturwissenschaftlicher Fragen, provoziert aber auch immer wieder eine Polemik, die sich an Derridas Status als Philosoph entzündet. Seine *Randgänge* oder gar *Grenzüberschreitungen* wurden sogar als Irrationalismus abgetan. Als Erbe der Strukturalismusdebatten sah er sich wiederholt mit dem Vorwurf eines Antihumanismus konfrontiert: Seinen Textanalysen mangele es an Respekt für die handelnden Subjekte. Wohlwollende Kritiker nutzen sogar die Tatsache seiner fruchtbaren Rezeption durch die Culture Studies der nordamerikanischen »Language Departments« und seiner persönlichen kulturellen Verwurzelung im nordafrikanischen Judentum dazu, ihn in den philosophischen Außenbezirken eines poetologischen Diskurses oder einer jüdischen Mystik auszugrenzen. Seit den massenmedial inszenierten Skandalen um den Derrida nahestehenden Paul de Man und seine antisemitischen Jugendschriften, um den von Derrida immer wieder wegen seines »Fragepotentials« (POS 28) geschätzten Heidegger und seine Nazivergangenheit, nicht zuletzt aber seit der von heftigen Protesten seitens der Philosophen begleiteten Verleihung einer weiteren Ehrendoktorwürde durch die Universität von Cambridge schien einer gewissen Presse das Werk Derridas gut genug für jede Verdächtigung des Verstoßes gegen die Political Correctness.

Das Streitgespräch nicht scheuend, ist Derrida auch keiner Auseinandersetzung aus dem Weg gegangen und hat sich verstärkt in aktuelle gesellschaftliche Diskussionen der Wissenspolitik, der Ästhetik oder der Ethik eingemischt. Vor allem sein Engagement für den Philosophieunterricht an Gymnasien innerhalb der Gruppe GREPH (Groupe de recherches sur l'enseignement philosophique) ist hier zu nennen, aber auch sein entscheidender Beitrag zur Gründung des *Collège International de Philosophie*, einer für Paris neuartigen Institution der freien interdisziplinären Lehre und Forschung jenseits der Zwänge von staatlichen Prüfungsordnungen. Neben direkten politischen Interventionen wie den Reden gegen Rassismus, für die Freiheit Nelson Mandelas oder für verfolgte Schriftsteller hat Derrida gerade im Bereich der postmodernen Architektur und Urbanistik auf die Debatten der Kunst im öffentlichen Raum oder der Denkmalgestaltung eingewirkt und zum Beispiel Bernard Tschumi bei der Gestaltung des Parc de la Villette, Daniel Libeskind beim Bau des Jüdischen Museums in Berlin und Peter Eisenman beim Entwurf des Holocaust-Denkmals beeinflusst. Nicht zuletzt sei auch an die in den letzten Jahren verstärkte Arbeit über ethische Fragen der *Gerechtigkeit* und der *Gesetzeskraft* erinnert, die nicht nur bei Juristen auf großes Interesse gestoßen ist, sondern in ihrer besonderen Zuspitzung auf die Frage des Asylrechts in Europa und die internationalen Freund-Feind-Bilder nach dem 11. September 2001 auch in einer breiteren Öffentlichkeit.

Die Spuren dieser mannigfaltigen Interessen finden sich in Derridas vielschichtigem Werk, dem es weniger an Verständlichkeit oder Übersichtlichkeit mangelt, als es sich vielmehr über ein kulturanalytisch erweitertes Verständnis von Philosophie erschließt. Gerade in diesem Sinne einer Ablehnung des Identitätsdenkens steht Derrida in der Tradition einer *Kritischen Theorie* wie der Frankfurter Schule (Benjamin, Adorno, Horkheimer), mit der er auch die Hinwendung zur ästhetischen Theorie teilt – eine intellektuelle Wahlverwandtschaft, die mit der Verleihung des Adorno-Preises der Stadt Frankfurt 2001 ihre öffentliche Anerkennung fand. Konsequenterweise ist es Derrida selbst auch niemals um eine Schulenbildung im Sinne der Errichtung eines dogmatischen Denkgebäudes gegangen, wenngleich seine Kritiker ihm immer wieder einen hermetischen oder gar esoterischen Stil unterstellen wollen.

Die Flexibilität und das innovative Moment seiner Denkfiguren unterlaufen in dieser Hinsicht jeden Versuch, ihn auf eine dogmatische Position zu reduzieren. Dabei werden aber nicht die Voraussetzungen der philosophischen Traditionen über Bord geworfen, sondern durch ihre Konfrontation mit gegenständlichen und gegenwärtigen Konstellationen infrage gestellt. Was Derrida in dieser methodologischen Hinsicht als *Dekonstruktion* bezeichnet hat, besteht in einer Aufarbeitung des historischen beziehungsweise genealogischen Zusammenhangs der Begriffe, geht also von einem internen Status quo der Diskurse aus, um diesen mit all den ein- und ausschließenden, verwerfenden, systematisierenden, hierarchisierenden, auch verfälschenden latenten Entscheidungen zu konfrontieren, die sich in ihm manifestieren:

> »Die Philosophie ›dekonstruieren‹ bestünde demnach darin, die strukturierende Genealogie ihrer Begriffe zwar in der getreuest möglichen Weise und von einem ganz Innern her zu

denken, aber gleichzeitig von einem gewissen, für sie selbst unbestimmbaren, nicht benennbaren Draußen her festzulegen, was diese Geschichte verbergen oder verbieten konnte, indem sie sich durch diese irgendwie eigennützige Repression zur Geschichte machte.« (POS 38)

Die Dekonstruktion *rekonstruiert* also minutiös die Geschichte der Verwerfungen, Zentrierungen, Marginalisierungen, Aneignungen und Identifizierungen, denen sich die herrschende Geltung des *Logos* verdankt. Sie geschieht dabei im Namen dessen, was sich ganz allgemein als das *Andere* benennen lässt, ungeachtet ob es sich dabei um Vergessenes, Verdrängtes oder im Verborgenen Bleibendes handelt. Wichtig jedoch ist, dass die dekonstruierende Umgangsweise mit dieser Alterität nur den blinden Fleck der Präsenz markiert, ohne je im positiven oder gar positivistischen Sinne die alternative Position dieses Anderen einzunehmen. Dekonstruieren heißt vielmehr, die Vorgeschichte oder den Unterbau des begrifflichen Gerüstes aufzudecken, »und in der Folge alle zu unserer Kultur gehörenden Texte [...] als eine Art von Symptomen« dessen zu lesen, was sich »in der Geschichte der Philosophie *nicht präsentieren konnte*« (POS 39). Und entsprechend dieser *Logik der Voraussetzung* fragt Derrida immer auch nach der materiellen Trägerschaft der Zeichen, den vergessenen Materialitäten der Kommunikation, dem Rahmen und dem Träger, dem sich die Botschaft als mediale Aussage faktisch verdankt.

Was beim Dekonstruieren eben nicht vollzogen werden soll, ist das Überschreiten der Grenze in Richtung auf ein Jenseits ursprünglichen Bedeutens, das mit einem Ankommen der Sinnsuche rechnet. Anders ausgedrückt: Dekonstruierend soll eine Erfahrung der Grenze als *Medium* vermittelt werden, das Repräsentations- oder Kommunikationsprozesse unter Einschluss aller Momente der Verschiebung, des Widerstandes, des »Rauschens« und der Verzerrung der mitgeteilten Botschaften möglich macht. Nur in dieser Weise einer Unentscheidbarkeit des Ziels als *Aufgabe* des Suchens realisiert sich für Derrida eine philosophische *Verantwortung* als Bereitschaft des immer wieder neu sich formierenden und formulierenden Antwortens auf die sich ständig auf andere und unvorhersehbare Weise stellenden Fragen. So ist Dekonstruktion immer

> »auch eine Ethik der Entscheidung oder der Verantwortung, die sich der Ausdauer des Unentscheidbaren aussetzt, dem Gesetz *meiner* Entscheidung als Entscheidung *des anderen* in mir, die sich der Aporie widmet, ja ergeben ist, um nicht einer entgegensetzenden Grenze zwischen zwei, zum Beispiel zwischen zwei dem Anschein nach voneinander trennbaren Begriffen vertrauen zu können oder zu müssen«[1].

Diesem Anspruch versucht die vorliegende Einführung in das Denken Derridas gerecht zu werden, die insofern die Grenzen der bisher vorliegenden deutschsprachigen Monografien zum Werk des Autors überwinden möchte, als diese sich überwiegend auf einen bestimmten philosophiegeschichtlichen Aspekt des derridaschen Werks beschränken, wobei die phänomenologische Tradition in der Anerkennung lange dominierte.

Die Frage einer entwicklungsgeschichtlichen Einteilung des Werks von Derrida ist häufig gestellt, aber auch erschüttert worden. Derrida selbst hat durch eine raffinierte Verweisungsstrategie gerade in seinen späteren Texten eine Kontinuität der Entfaltung unterstellt, die jede historische Zäsur zurückweist (vgl. PUN). Eine Vertiefung dieses anachronischen Geflechts ist neuerdings durch die nach Derridas Tod begonnene Ausgabe seines Nachlasses, vor allem der Aufzeichnungen seiner Seminare und Vorlesungen seit den 1960er-Jahren, möglich.

Dennoch lassen sich zweifellos Epochen thematischer Schwerpunkte erkennen. Die Abfolge dokumentiert nur die Dominanz einer bestimmenden Fragestellung, keine systematische Entwicklung. So fällt auf, dass Derrida sich in der ersten Phase von 1962 bis 1972 vorwiegend mit dem Problem der Erscheinung beziehungsweise Spuren von »Wahrheit« beschäftigt hat, während in den späten 1970er-Jahren die ästhetischen Modelle und Experimente einen Schwerpunkt bilden. Ab Mitte der 1980er-Jahre ist dann entsprechend eine Verstärkung ethisch-politischer Diskussionen zu beobachten, die zwar nicht um die Gewinnung eines metaphysischen »Guten« bemüht sind, aber dessen Reformulierung als »Ethik der Diskussion« erproben. Diese ethisch-politische Wende schlägt noch einmal eine andere Richtung durch Derridas entschiedene Hinwendung zum Thema des Tieres ein, das in allen Bedeutungen als Gegensatz Mensch-Tier (*animal*), als Alterität des wilden Tieres oder der Bestie (*bête*), aber auch als Dummheit (*bêtise*) und Grausamkeit/Bestialität des Menschen selbst verfolgt wird. Ausgang für diese Denkentwicklung war der Vortrag *Das Tier, das ich also bin* (DT) 1997 auf der Cerisy-Tagung *L'Animal autobiographique*, aber es sind vor allem die beiden postum herausgegebenen Bände der letzten Vorlesungen 2001–2003 *Das Tier und der Souverän* (TS I, II), die einen genauen Einblick erlauben in diese erneute, schon mit der ersten Cerisy-Tagung 1980 *Les fins de l'homme* begonnenen Auseinandersetzung mit den Grenzen des Menschen und vor allem der Thematik des Todes.

Folglich ist die Einteilung der vier Hauptkapitel nur orientierend, nicht historisierend zu verstehen. Von jedem Unterkapitel lassen sich Verweisungen zu den anderen herstellen, es werden auch Wiederholungen in diesem Sinne nicht zu vermeiden sein. Solche Redundanzen sollen jedoch zu einem besseren Verständnis verhelfen. Die Texte Derridas werden durchwegs nach den vorliegenden deutschen Übersetzungen zitiert. Nur wenn keine solche vorliegt, muss auf das französische Original zurückgegriffen werden; in diesen Fällen sind die zitierten Passagen von mir übersetzt worden.

Die Überarbeitung der Neuauflage hat sich – neben der Korrektur von Fehlern und der Aktualisierung der Übersetzungen von Derridas Texten ins Deutsche – vor allem darauf konzentriert, die in den letzten Jahren erschienenen neuen Bände der geplanten Gesamtausgabe zu berücksichtigen.

Im Vordergrund stehen dabei natürlich die Vorlesungen der letzten Jahre. Vereinzelte Seminartexte der 1960er- und 1970er-Jahre, die noch nicht ins Deutsche übersetzt sind, werden nur am Rande erwähnt, da sie eher einer philologischen Spezialisierung der Lektüre dienen können. Daneben sind auf Deutsch einige kürzere Texte aus dem Nachlass erschienen, die auf Fragen der Ethik des Vergebens, der Lüge sowie der medialen Berichterstattung eingehen. Auf sie wird an den entsprechenden Stellen des Textes hingewiesen. Denn was auch in diesen Jahren neuer Publikationen deutlich geworden ist: Es gibt nicht *den* anderen, noch zu entdeckenden, ›zu kommenden‹ Text von Derrida, sondern alles ist schon irgendwie gesagt, versteckt, angedeutet und der weiteren Ausführung harrend.

Spuren der Wahrheit

Phänomenologie und Präsenz oder: Was ist Dekonstruktion?

Am Anfang der intellektuellen Karriere Derridas steht ein Name: Edmund Husserl. Husserl ist der Begründer der Phänomenologie, einer philosophischen Schule um 1900, die sich vielleicht am einfachsten und vorläufig durch ihren deklarierten Rückgang auf die erscheinenden Gegenstände (»phänomenologische Reduktion«) beziehungsweise die Betonung der Erscheinungsweise am Erscheinenden oder der Gegebenheit von Tatsachen kennzeichnen lässt. Mit dieser Tradition hat sich Derrida sehr intensiv auseinandergesetzt, was ihm bei der Entwicklung seiner eigenen Position weiterhalf. In der besonderen kritischen Umgangsweise mit Husserls Denken zeigt sich zum ersten Mal das Merkmal der *Dekonstruktion*, die im Gegensatz zur kritischen Destruktion und zur hermeneutischen Rekonstruktion von Texten diese auf eingehende Weise in ihren argumentativen Entstehungszusammenhang »wiederverwickelt«: Sie sollen in einem Zustand der Unentschiedenheit und polyperspektivischen Offenheit erscheinen und der systematischen Endgültigkeit beziehungsweise Eindeutigkeit des Standpunktes gegenüber Abstand wahren. Was dann in der *Grammatologie* als »Logozentrismus« oder »Phonozentrismus« polemisch attackiert wird, geht allerdings nicht allein auf Husserl zurück, gewinnt aber in der Lektüre seiner Schriften zum ersten Mal eine klare Kontur.

Die Bedeutung Husserls für die Entwicklung des spezifischen Denkansatzes von Derrida ist gerade in der philosophischen Rezeption eingehend diskutiert worden. Dennoch wäre es falsch, ja irreführend, wollte man Derridas Betonung einer Verbindlichkeit gegenüber der »transzendentalen Phänomenologie« (GR 108) in ein generelles Bekenntnis »als guter (orthodoxer) Phänomenologe«[2] ummünzen. Der grundsätzliche derridasche Ansatz wäre damit verkannt, der schon in der frühen Auswahl der behandelten Texte Husserls von »strategischer Vorausschau« zeugt, »mit der er alles, was er zu sagen hat, den Text selber sagen«[3] lässt. Die Umgangsweise mit Husserls Texten gibt vielmehr ein frühes Beispiel für Derridas interpretatives Nach- und Umbuchstabieren des Textes, worin man auch ein Zeugnis dafür hat sehen wollen, wie Derrida mit der philosophischen Tradition »gewaltsam« umgeht und sich nicht scheue, »neue Fäden in das vorliegende Geflecht einzuflechten, die dieses letztlich zum Reißen bringen können«[4].

Insgesamt sind fünf Arbeiten für die Auseinandersetzung mit Husserl von Bedeutung: die erst später veröffentlichte Seminararbeit von 1954 »Le problème de la genèse dans la philosophie de Husserl« (1990), der erste, 1959 gehaltene öffentliche Vortrag zum Thema »Genesis und Struktur und die Phänomenologie« (SD 236–258), die 1962 erschienene programmatische »Einleitung« zur Übersetzung von Husserls Werk »Der Ursprung der Geometrie« (HG 33–203), die zentrale Studie von 1967 *Die Stimme und das Phänomen* (SP) sowie der 1972 publizierte Aufsatz »Die Form und das Bedeuten. Bemerkungen zur Phänomenologie der Sprache« (RG 159–174).

Die Husserl-Kritik ist auch insofern ein signifikantes Beispiel für Derridas Denkansatz, als sie sich an der zentralen Thematik der Sprache entzündet. Was er Husserl nämlich immer wieder vorwirft, ist das Verkennen der sprachlichen Gestalt und damit der Tradition, ja Geschichtlichkeit der benutzten Begriffe. Husserl geht es dagegen um die Reduktion der Begriffe auf reine Idealität, genauer um eine »ideale Objektivität«, für die er eine reine Sprache als Verkörperung in einer geistig-idealen Schrift sucht, die aber keine zeitgebundene und damit relative Geltung hat, sondern als »historisches Apriori«

von Geschichtlichkeit überhaupt eine unbedingt allgemeine, unveränderliche und absolute Wahrheit beansprucht.[5] Derrida stellt ihr gegenüber nun die Frage nach dem Ursprung als »philologische« und »etymologische« Frage (HG 92) nach der Relevanz der eidetischen, das heißt auf Ideen bezogenen Reduktion innerhalb der Sprache, die ihn in ihrer unaufhebbaren Zweideutigkeit immer wieder beschäftigen wird und die am Ursprung aller Dekonstruktion steht. Es geht immer um eine *Vieldeutigkeit* des Bedeutens, des »vouloir-dire«, wie die französische Übersetzung von Husserls Begriff lautet, also ein Bedeuten als Meinen, Besagen, »Sagen-wollen« (SP 29 f., 48), das über jede Festschreibung des Sinns zum Beispiel in Form identischer Bedeutungen schon von sich aus hinausgeht. Eine jede Sprache, auch eine nichtnatürliche, ist so markiert durch ein unaufhebbares Überborden des Bedeutens in einer unabschließbaren Lektüre, wie sie Derrida nicht zuletzt am Text Husserls selbst vorexerziert.

Genau dieses Aufschieben und Streuen des Sinns gerade im Zeitraum geschichtlicher und konkret traditionsbestimmter Dimensionen wird dann zum Konzept der »différance« führen, zeigt sich aber schon am sprachlichen Horizont der *zeichenhaften* Form des Denkens. Derrida, der später immer wieder gern als Paradebeispiel für das sogenannte poststrukturalistische Denken herangezogen wurde, erweist sich in dieser Hinsicht noch als getreuer Anhänger des Strukturalismus mit seiner zumindest linguistisch verbindlichen Formalisierung aller kulturellen Phänomene nach dem semiotischen Gegensatz von bezeichnenden *Signifikanten* und bezeichneten *Signifikaten.* Allerdings wird dem Zeichen aufgrund des Verweisungspotenzials der Signifikanten von Anfang an eine semantische Eindeutigkeit entzogen, wie sie etwa Husserl in seiner Urevidenz eines reinen, idealen Sinns annimmt, in dem das Spiel des Bedeutens zur Ruhe käme und auf das die Verweisungen der Signifikanten wie auf ein transzendentales Signifikat ewiger Wahrheit bezogen wären. In einem Gespräch mit Julia Kristeva macht Derrida vielmehr deutlich, dass eine solche Annahme einer vorsemiotischen oder »vorausdrücklichen« Sinnebene alle Tätigkeit des Differenzierens, Verknüpfens, Aufschiebens und Verräumlichens des Bedeutungsprozesses der »différance« eigentlich überflüssig machen würde beziehungsweise zur nachträglichen Übersetzung in anschauliche, kommunizierbare oder archivierbare Form werden ließe (vgl. POS 74). Die Äquivozität, also die Mehrdeutigkeit des Zeichens, ist nicht reduzierbar, so lautet Derridas Credo gegen Husserls »Imperativ der Univozität« (HG 133), der die Wahrheit der Geschichte entzieht und sie zugleich einer reinen Geschichte der Totalität des Sinns überantwortet. Aber genau darin trifft sich der phänomenologische Ansatz mit dem Gegenpol einer »Totalität der Äquivokationen«, wie ihn Derrida am Beispiel von James Joyces *Ulysses* beschreibt, der die Sprache als »höchste Potenz der Intentionen« einer »im labyrinthischen Feld der durch ihre Äquivokationen ›gebundenen‹ Kultur« (HG 136) durchleuchtet.

Es wäre dennoch falsch, Derrida im Sinne etwa der frühen Kritik von Jürgen Habermas sogleich thematisch auf Literatur oder Poesie einschränken zu wollen und damit schulphilosophisch zu diskreditieren.[6] Die Dekonstruktion entwickelt sich *entlang* des Kommentars zu Husserls Argumentation, deren Bewegung *als Text* nachvollzogen wird, also als Gewebe der Gedanken, die sich immer wieder in die Vielschichtigkeit des Metaphorischen verstricken. Mit einer nahezu unerbittlichen Genauigkeit seziert Derrida immer wieder den Sprachkörper der husserlschen Ideen, um die Notwendigkeit ihrer »metaphorischen Bürde« (RG 386) herauszustellen, eine Notwendigkeit, die das Denken auch der transzendentalen Phänomenologie erst im metaphorischen Feld von Bildern der »Schicht«, des

»Verwebens« oder »Verflechtens« oder der »Spiegelung« (RG 180 ff.) sich entfalten lässt. Denn, um es noch einmal zu betonen, Derrida gibt immer wieder mit Nachdruck zu verstehen, dass das linguistische oder genauer semiologische Problem des Denkens schon bei Husserl zur Sprache kommt: Nur wird es aufgeworfen, um in der anschließenden Argumentation verworfen oder »reduziert« zu werden, statt in der Historizität oder dem »In-der-Geschichte-Sein« gerade die »Möglichkeit, von innen her dem Außen ausgesetzt zu sein« (HG 126), zu erkennen.

Diese phänomenologische Reduktion auf eidetisch reine und ideale Begriffe demonstriert Derrida in seinem Buch *Die Stimme und das Phänomen* vor allem an Husserls Gegensatz von »Anzeichen« und »Ausdruck«. Während in Letzterem Inhalt und Form des Zeichens in der Gegenwärtigkeit des transzendentalen Bewusstseins vom Gegenstand verbunden seien, beharre das Anzeichen in der unaufgehobenen Differenz zwischen der physischen Seite des Verweisens und seinem abwesenden Gegenstand. Hier setzt Derrida an, um die Frage zu stellen, ob nicht jede Re-Präsentation von der »irreduziblen Nicht-Gegenwärtigkeit« heimgesucht wird und eine »unausrottbare Nicht-Ursprünglichkeit« (SP 14) bekundet, wie sie Husserl in der bloß anzeigenden Funktion des Zeichens isolieren und ausschließen möchte. Umgekehrt formuliert, sieht Derrida in der Privilegierung des Ausdrucks als Produkt bedeutungsverleihender Akte die Unterstellung einer reinen Präsenz des Sinns, eine genau genommen dogmatische »metaphysische Voraussetzung [...] der originär gebenden Anschauung, der *Gegenwart* oder der *Gegenwärtigkeit* des Sinns für eine volle und originäre Intuition« (SP 11).

Derrida zeigt nun bei der Rekonstruktion der husserlschen Gedankengänge, wie die Reinheit der Bedeutung doch immer wieder von der anzeigenden Funktion des Zeichens »kontaminiert« wird (SP 32) beziehungsweise wie die originär wiederholende Struktur des Zeichens die Vorstellung von Gegenwärtigkeit gerade als von der »Möglichkeit der Wiederholung« abhängig erweist und damit immer schon der Entäußerung und Veränderung der Zeit und des Anderen als intersubjektives Gegenüber des einsamen transzendentalen Ichs aussetzt:

> »Man leitet die Gegenwärtigkeit-der-Gegenwart von der Wiederholung ab und nicht umgekehrt. Gegen Husserls ausdrückliche Intention, doch nicht ohne eine Würdigung dessen, was sich [...] in seiner Beschreibung der Bewegung der Zeitigung und der Beziehung zum Anderen impliziert findet.« (SP 72)

Die letztere Formulierung ist typisch für Derridas Vorgehensweise: »Dekonstruktion« führt keine Differenzen in das System der Phänomenologie ein, die nicht schon in ihm als Artikulation in der Sprache – die für Derrida ja als »das Medium dieses Spiels von Anwesenheit und Abwesenheit« (SP 18) gilt – enthalten sind, wenn auch auf verborgene, verkannte, verworfene, ja verdrängte Art und Weise. Im Herzen der präsentischen Urevidenz, der Gegenwärtigkeit der Gegenwart der Phänomenologie, macht er die Abwesenheit, die Andersheit, den Aufschub, aber auch schon den *Tod* aus. Dieses Thema, das von Anfang bis Ende das Denken Derridas bestimmen wird, taucht schon hier als die Grenzbegrifflichkeit einer mit der Möglichkeit zugleich gegebenen Möglichkeit der Unmöglichkeit auf:

> »Somit liegt in dieser Bestimmung des Seins als Gegenwärtigkeit, Idealität und absoluter Möglichkeit einer Wiederholung der Bezug *zu meinem Tod* (zu meinem Verschwinden schlechthin) verborgen. Die Möglichkeit des Zeichens ist dieser Bezug zum Tod. Die Bestimmung und die Aus-

löschung des Zeichens in der Metaphysik sind die Verheimlichung dieses Bezugs zum Tod, der freilich die Bedeutung hervorbrachte.« (SP 75)

Derrida, der dieses Motiv später noch einmal in der isoliert gesehen rätselhaften Formulierung wieder aufgreift, »mein Tod ist strukturell notwendig für die Verkündigung des *ich*« (SP 129), die im »strukturell testamentarischen Wert« des Zeichens den auch von anderen Zeitgenossen (wie Roland Barthes oder Michel Foucault) betonten Tod des Autors als semantische Bedingung für eine Freiheit des Lesens von Texten anspricht, diagnostiziert der in der Phänomenologie fortgesetzten Tradition abendländischer Metaphysik zugleich eine Verdrängung des Todes. In der Tat konzentriert sich das ganze Interesse Husserls an der Präsenz auf die Vorstellung einer *lebendigen Präsenz*, einer »Selbstgegenwart des transzendentalen Lebens« (SP 13), die von Zeitlichkeit und Intersubjektivität bedroht erscheint, wobei die genannte »Nicht-Gegenwärtigkeit« auch ein konstitutives »Nicht-Leben« oder eine »Nicht-Selbstgegenwart oder Nicht-Selbstzugehörigkeit der lebendigen Gegenwart« (SP 14) miteinschließt.

Um seine Selbstgewissheit des selbst-gegenwärtigen Bewusstseins als »absolute Nähe von Sagen-Wollen und Sagen«[7] evident werden zu lassen, muss sich Husserl auf einen Aspekt der Sprache beschränken, den Derrida mit dem Begriff *Logo-Phonozentrismus* denunziert: das Sprechen, die gesprochene Sprache, die *phoné*. Und zugleich folgt er den antiken Vorbildern, die im Hauch des lautlich ertönenden Wortes die Anwesenheit der Seele des Geistes zu vernehmen meinten, und behauptet »eine Wesensverbindung zwischen *logos* und *phoné*«, die das präsentische Bewusstsein in der »Möglichkeit der lebendigen Stimme« begründet (SP 25). Er radikalisiert sogar noch das metaphysikgeschichtliche Vorrecht der Stimme zur transzendentalen Macht der Verleiblichung als »Atem« oder »intentionale Beseelung«, »die den Körper des Wortes in den Leib verwandelt, die aus dem *Körper* einen *Leib*, eine geistige *Leiblichkeit* macht« (SP 26). Und zugleich wird mit dem stimmlichen Element die unmittelbare Nähe des Bewusstseins zu sich selbst im Medium einer Gegenwart des Gegenstandes als Selbstgegenwart des Bewusstseins davon gewahrt, wie Derrida an einem Wortspiel des französischen Wortes *s'entendre* verdeutlicht, das »sich hören« und »sich verstehen« bedeutet:

> »*Die Stimme hört sich, versteht sich (s'entend).* Die phonetischen Zeichen [...] werden von dem Subjekt, das sie äußert, in der absoluten Nähe ihrer Gegenwart ›gehört‹ und ›verstanden‹. Das Subjekt muß nicht aus sich herausgehen, um von seiner Ausdrucksaktivität unmittelbar affiziert zu sein.« (SP 103)

Derrida greift hier einen Begriff aus Kants Begründung eines transzendentalen Bewusstseins von Subjektivität wieder auf, die *Selbstaffektion* als Operation des Sich-sprechen-Hörens, bei der das Subjekt nicht nur mit der idealen Welt reiner Bedeutungen/Signifikate zu tun hat, sondern zugleich im Sprechen/Zu-sich-Sprechen diese selbst als Signifikantenoperation hervorbringt. Diese »Formen reiner Selbstaffektion« spielen sich also als »absolute Reduktion des Raumes« (SP 107f.) ab, sind reine Selbsthervorbringungen: »Diese Selbstaffektion ist zweifellos die Möglichkeit für das, was man *Subjektivität* oder das *Für-sich* nennt; doch ohne sie würde keine Welt *als solche* erscheinen.« (SP 108) Doch wird in der hierin vorausgesetzten Einheit von Stimme und Laut wieder eine Materialität des Signifikanten eingeführt, die sich in der Schrift verkörpert. Damit klingt erneut das Motiv der Bedrohung jener geschlossenen Innerlichkeit an: dass »die Möglichkeit der Schrift dem

Drinnen des Sprechens innewohnen konnte, das selbst in der Intimität des Denkens an der Arbeit war« (SP 111). Derrida dreht an dieser Stelle wieder einmal das Argument um und weist darauf hin, dass in der Selbstaffektion ja immer schon eine Differenz – von Affizierendem und Affiziertem – vorausgesetzt wird, die in der Differenz des Zeichens als Signifikant und Signifikat vorgeprägt ist:

> »Die Selbstaffektion als Operation der Stimme setzte voraus, daß eine reine Differenz die Selbstgegenwart teilte. In dieser reinen Differenz ist die Möglichkeit von all dem verwurzelt, was man aus der Selbstaffektion glaubt ausschließen zu können: der Raum, das Draußen, die Welt, der Körper usw.« (SP 111)

Mit dieser Umkehrung bringt Derrida seinen eigenen Neologismus ins Spiel, die »différance«, an der er die phonetisch unartikulierbare Unterscheidung zwischen den Zeichen ›e‹ (différence) und ›a‹ (diff*é*r*a*nce) demonstriert und mit der er das Zugleich von Differenz und Hervorbringung von Differenz in der Bewegung des Aufschubs bezeichnet. Die »différance« tritt nicht als nachträgliche Differenzierung einer Identität des transzendentalen Subjekts zu diesem hinzu, sondern bringt dieses erst »als das Nicht-Identische hervor« (SP 112). Damit ist der Damm der phänomenologischen Reduktion gebrochen und all die Kategorien der Nicht-Identität unterspülen die Selbstgewissheit des transzendentalen Ichs: die Zeit, die Bewegung der Selbstaffektion in der Zeit, die Differenz, die diese Bewegung als Spur hervorbringt:

> »Doch diese reine Differenz, die die Selbstgegenwart der lebendigen Gegenwart konstituiert, führt darin originär die ganze Unreinheit ein, die man daraus ausschließen zu kön-

nen glaubte. Die lebendige Gegenwart geht aus ihrer Nicht-Identität mit sich und aus der Möglichkeit der retentionalen Spur hervor. Sie ist immer schon eine Spur.« (SP 115)

Das Entscheidende an dieser Differenzialität der Spur ist also die fundamentale Zeitlichkeit, die nicht ein an sich Unzeitliches des Sinns verzeitlicht, sondern diesen als ursprünglich »durch und durch zeitlich« (SP 112), als »Aus-sich-her-ausgehen der Zeit«, ein »Außer-sich als Selbstbeziehung der Zeit« (SP 116) begreift. Die Selbstgewissheit der Präsenz als Präsens lässt schon im originären Selbstbezug von einem »originären ›Supplement‹« (SP 117) sprechen, in dem das Sprechen sich selbst verfehlt und im zeitlichen Aufschub ersetzt wird. Die Zeit führt in die »Punktualität des Augenblicks« (SP 84) eine Spaltung ein, denn wie Derrida am Begriff selbst in seiner metaphorischen Bedeutung von »Augenzwinkern« deutlich macht, waltet sogar im augenblicklichen Blicken des Augenblicks eine Dauer, die das Auge sich schließen lässt und eine »Kontinuität des Jetzt und des Nicht-Jetzt, der Wahrnehmung und der Nicht-Wahrnehmung« (SP 89) darstellt.

So zeigt Derrida am Ende seiner Relektüre der Schriften Husserls, wie dieser im Verlaufe seiner Überlegungen immer wieder genötigt ist, das von ihm Ausgeschlossene – die Materialität des Zeichens, die Alterität des Anderen, vor allem aber die ursprüngliche Nichtidentität der Zeitlichkeit – im Sinne einer Medialität der Sprache oder »Möglichkeit der Schrift« (HG 116) anzuerkennen. Was beim Dekonstruieren nicht vollzogen werden soll, ist das Überschreiten der Grenze in Richtung auf ein Jenseits ursprünglichen Bedeutens, das mit einer Abschließbarkeit der Sinnsuche rechnet. Es geht vielmehr um einen »unendlichen Diskurs«, für den die »Verspätung« das Absolute ist, indem es »zukünftig« ist. (HG 202 f.) Dekonstruktion meint *Unterwegssein*, das Durchlaufen einer intensiv markierten Passage, ohne dass jedoch ein Punkt dieser Passage zum Ort einer privilegierten Ankunft würde. Insbesondere insistiert Derrida darauf, dass keiner dieser Punkte der Linie als *Präsenz* festgehalten oder wiedergegeben werden kann.

Präsenz umfasst Gegenwärtigkeit im zeitlichen Sinne ebenso wie Anwesenheit im räumlichen Sinne, in ihr schwingt der Gedanke einer Parusie, das heißt einer Offenbarung von Ideenhaftem in der Erscheinung mit, aber auch die Geste des Gebens, die im englischen Ausdruck *present* für Geschenk anzutreffen ist. Anders als die metaphysische Begründung dieser Präsenz oder genauer des geregelten Zugangs zu Präsenz, setzt das dekonstruktive Verfahren beim *Artefakt*charakter dieses Effekts an, das heißt, es zeigt dessen Gemachtsein und damit Nichtursprünglichkeit und Überdeterminiertheit auf. Die dekonstruierende Umgangsweise versucht, das Andere als Anderes zu respektieren, diese Alterität nicht durch Zuschreibung an einen ursprünglichen Ort der Herkunft oder einen Bestimmungsort zu reduzieren. Dekonstruieren heißt damit auch, eine geschichtliche Dimension im radikal räumlichen Sinne dieses Wortes zu eröffnen: die Vorge*schicht*e oder den *Unterbau* des begrifflichen Gerüstes aufzudecken als gegenwärtige Abwesenheit, dem sich der Illusionseffekt der Präsenz verdankt. Die Bewegung der Dekonstruktion ist eine doppelte: das Nachzeichnen oder Wieder-Markieren (*re-marquer*) einer begriffsgeschichtlichen Zugehörigkeit und genau dadurch das Infragestellen dieser Verbindung, dieser Verbindlichkeit, dieses Kontrakts im Sinne einer Freisetzung für neue Aussageverkettungen:

> »Die Dekonstruktion besteht nicht darin, von einem Begriff zu einem anderen überzugehen, sondern darin, eine begriffliche Ordnung ebenso wie die nicht-begriffliche Ordnung, an der sie sich artikuliert, umzukehren und zu verschieben.« (RG 350)

Insofern ist Dekonstruktion nicht das Nonplusultra analytischen Raffinements, sondern nur paradigmatische Metapher für eine Fülle von komplexen Konstellationen, deren Heterogenität und Aporetik vom strukturalen beziehungsweise systemtheoretischen Denken im Sinne einer Komplexitätsreduktion überwunden und angeeignet wird. Derrida nennt in erster Linie das Phänomen der *Spur*, die nicht aufbewahrt, wovon sie zeugt, sondern erzeugt, was sie bewahrt; mit anderen Worten, die ein Gedächtnis in der Weise einer Abweichung oder aufschiebenden Differenz des Ursprungs schreibt, die im Neologismus »différance« zum Ausdruck gebracht werden soll: dass es nämlich keine Dekonstruktion gibt ohne die dekonstruktive Bewegung im zu Dekonstruierenden selbst:

> »[...] die Dekonstruktion ist keine *nachträglich* von außen her eines schönen Tages sich ereignende Operation, sie ist immer schon am Werk im Werk; es reicht aus, daß man das gute Stück vom schlechten Stück, den guten Stein vom schlechten Stein unterscheiden kann, zu unterscheiden weiß, wobei sich gerade das, was gut ist, immer als das schlechte herausstellt. Wenn die auseinander-setzende Kraft der Dekonstruktion sich *immer schon* in der Architektur des Werkes verortet findet, so käme es angesichts dieses *immer schon* insgesamt gesehen nur noch darauf an, das Gedächtnis ins Werk zu setzen, um dekonstruieren zu können.« (MEM 103)

In der Entfaltung oder Re-Markierung der Bahnung einer Spur wird also die Referenz als Nichtursprüngliches dekonstruiert, die als Spur der Spur den Aufschub von etwas bewirkt, was in diesem Aufschub aber gerade verschwindet beziehungsweise verschwunden ist. Im gleichen Maße bricht auch die Geschlossenheit des Kontextes von ihren Rändern her auf und wird in ihrer testamentarischen Funktion vom Zug oder Sog der Verräumlichung beziehungsweise Verzeitlichung erfasst. Jenseits einer Geschlossenheit der Repräsentation soll der Weg geöffnet werden für ein Denken der »Sendung/Schickung [*envoi*]« als Zeitlichkeit ohne feststellbaren Ursprung oder Ort der Gegenwart, der sich nicht wieder entzöge: »Alles beginnt mit der Verweisung [*renvoi*], das heißt beginnt nicht.« (PSY 141; PSY I 139)

Sprachphilosophische und linguistische Traditionen: Der »différance« auf der Spur

Derridas Wiederaufwertung des Zeichens mündet in ein radikales Denken der *Schrift*, das die symbolische Ordnung von Signifikant und Signifikat neu bestimmt. Radikal heißt, an die Wurzel gehend, und in der Tat wendet er sich damit jener Basis der Sprache zu, die für den Gründer der strukturalen Linguistik und der alles umgreifenden »Semiologie« nur eine verschleiernde »Verkleidung« beziehungsweise »pathologische Erscheinung« darstellt.[8] Saussure wird nun der bevorzugte Gegenstand der derridaschen Dekonstruktion mit der provokanten Behauptung einer eigenständigen und darüber hinaus ursprünglichen Funktion einer *nichtphonetischen Schrift*. Wie Derrida bereits zu Anfang seines ersten Hauptwerks, der Grammatologie, erklärt, unterliegt jede buchstäbliche Ordnung als alphabetische Schrift schon immer der Abhängigkeit von phonetischen Bestimmungen, die Schrift von vornherein als »zweitrangige und instrumentale Funktion« einstufen, als »Übersetzung eines erfüllten und in seiner ganzen Fülle *präsenten* Wortes« (GR 19). Man findet hier die aus der Husserl-Relektüre vertrauten Oppositionen wieder, und auch die angestrebte Aufhebung des Gegensatzes, die unter dem Namen der *Grammatologie* als neu zu begründender Wissenschaft von der Schrift an eine Dimension des »Gramma oder des Graphems« *vor* dem Buchstaben anknüpfen möchte: an eine »erste« Schrift, die grundlegender sein soll als die, welche nur zur nachträglichen Bezeichnung des gesprochenen Wortes dient.

Diese neue Dimension von Schrift, so macht Derrida immer wieder deutlich, ist nichts Fixiertes, sondern eine Bewegung, die über sich hinaus verweist: Alles Bezeichnen ist ein Verweisen von Signifikanten auf Signifikanten; das, was Saussure als eigenständige Seite des Zeichens anzusetzen glaubte, das Signifikat, wird von Derrida nur als »Position des Signifikanten« (GR 129) verstanden: »Es gibt kein Signifikat, das dem Spiel aufeinander verweisender Signifikanten entkäme, welches die Sprache konstituiert, und sei es nur, um ihm letzten Endes wieder anheimzufallen.« (GR 17)

Die Kategorie des *Spiels* soll fortan im Denken Derridas eine entscheidende Rolle einnehmen, aber sie meint kein ludisches Moment lustvoller Unterhaltung, sondern eine Aleatorik zufälliger Züge, die jene von Platon schon in polemischer Absicht genannte Verwandtschaft der Erfindung von Schrift, Messkunst sowie »Brett- und Würfelspiel« bezeugt.[9] Als konstitutives Element der Sprache kommt dem Spiel die Aufgabe einer Entgrenzung oder eines *Überbordens* zu, sodass es unmöglich wird, eine metasprachliche Sinnebene als semantische Entscheidungsinstanz anzurufen: Im Spiel kündigt sich vielmehr die paradoxe »Einheit des Zufalls und der Notwendigkeit an in einem Kalkül ohne Ende« (RG 35). Zeichen verweisen auf Zeichen, die Explikation einer jeden Bedeutung läuft auf eine Reihe anderer Bedeutungen hinaus, eine textuelle Verkettung, eine *Supplementarität* der Zeichen, die letztlich unendlich ist, ohne jemals bei den Sachen selbst oder einem letzten, alles umfassenden Zeichen anzukommen (weshalb Derrida den

›offenen‹ beziehungsweise seriellen Begriff des Supplements dem des statischen beziehungsweise endgültigen Substituts vorzieht):

> »*Spiel* wäre der Name für die Abwesenheit des transzendentalen Signifikats als Entgrenzung des Spiels, das heißt als Erschütterung der Onto-Theologie und der Metaphysik der Präsenz.« (GR 87)

In diesem Kontext muss auch das oft missverstandene Statement Derridas: »*Ein Text-Äußeres gibt es nicht*« (GR 274) gesehen werden, das aber nicht als agnostisches Bekenntnis zu einem radikalen Strukturalismus, sondern eher als kritischer Vorbehalt zu lesen ist, der sich mit Husserls Antipsychologismus gegen den Relativismus subjektiver Seelenzustände solidarisch erweist. Nur dass an die Stelle der phänomenologischen Reduktion auf den metaphysischen Horizont einer eidetischen Wahrheit die verstärkte Aufmerksamkeit für das Vermittelnde, die Materialität der medialen Textualität von Bedeutung tritt. Und in dieser Hinsicht radikalisiert Derrida zugleich Saussures linguistische Dekonstruktion des sogenannten Referenten als textexternen Gegenstandsbezug, der ja schon bei diesem im internen Verweisungszusammenhang der Zeichen aufgehoben ist. Anstelle von transzendenten, also textexternen Instanzen wie metaphysischen Ideen, ontologischen Substanzen, transzendentalen Subjekten oder eines Cogito geht es also um textimmanente Prinzipien der Sinngenerierung. Saussure hatte in dieser Hinsicht die Bedeutung eines Zeichens mit seinem Wert in Verbindung gebracht, der sich aus seiner Differenz gegenüber den anderen Zeichen ableitet, also durch »Unterscheidungen«, »die nicht positiv durch ihren Inhalt, sondern negativ durch ihre Beziehungen zu andern Gliedern des Systems definiert sind«[10]. Derrida geht auch hier einen Schritt weiter, indem er diese Differenz, statt sie als unabgeleitete Gegebenheit zu akzeptieren, genealogisch auf ihre Funktionsweise hinterfragt. Als Antwort entstand sein Neologismus der »différance«, ein Begriff, der sich auf das bezieht, was eine Differenz hervorbringt, der sozusagen eine Doppelung, eine »double marque«, eine »zweifache Markierung« (DIS 12) von Identität und Differenz umfasst, wie sie im Wort »différance« selbst mit seiner lautlichen Ununterscheidbarkeit vom französischen Wort »différence« (›Differenz‹) bei doch unterschiedlicher Schreibweise in Szene gesetzt wird. Zugleich kommt darin die Zweiwertigkeit des zugrunde liegenden Verbs »différer« zum Tragen, das einmal aktiv die Tätigkeit des Aufschubs, des zeitlichen Verschiebens oder »verzögernde Vermittlung eines Umweges« und zum anderen statisch ein Differieren als »nicht identisch sein, anders sein« (RG 36) bedeutet.

Die »différance« ist »reine Bewegung, welche die Differenz hervorbringt« (GR 109). Als *Produktion* von Differenzen ist sie sozusagen der Motor für die von der Grammatologie gesuchte generalisierte Schrift: eine Schrift nicht der Buchstaben, Hieroglyphen, Idiogramme oder Symbole, sondern der Erzeugung von semiotischen Zeichen aller Art. Genau genommen geht es Derrida bei dieser Betonung des dynamischen Moments von Schrift, in dem für ihn zugleich die übertragende Funktion der Metapher zum Ausdruck kommt, um die »aphoristische Energie«[11] einer Einschreibung in aller Buchstäblichkeit des Ziehens einer Linie, des Bahnens einer Schneise, des Einritzens einer Spur mit allen Konsequenzen der Gewaltsamkeit von Verletzungen und Zerstörungen.

Die wichtigste Charakterisierung der Schrift als Schrift liegt für Derrida daher in der Benennung als *Spur*, und zwar nicht als Zeugnis eines Dahinterliegenden, Ursprünglichen oder gar Archetypischen, nicht als Wiederherstellung der Präsenz des

Vergangenen aus dem Abdruck, der sich in der Gegenwart erhalten hat. Mit so emphatischen Begriffen wie »*Urschrift*« (GR 105) oder »*Ur-Spur*« (GR 107) will Derrida verdeutlichen, dass schon am Anfang Schrift und Spur gestanden haben und nicht ein in sich erfülltes und geschlossenes vorschriftliches Sein. Alle Archäologie hat es vielmehr immer schon mit einer Kulturgeschichte der Schrift als Verstellung/Verbergung eines (einfach gedachten) Ursprungs zu tun: Indem sich nämlich die Spur an die Stelle des sie Hinterlassenden setzt, *schiebt* sie das Nicht-Ursprüngliche ihrer selbst *auf*, das heißt, sie zögert die Präsenz der Ursache hinaus und verschiebt sie in eine Zukunft, indem sie paradoxerweise das, was sie als Möglichkeit ihrer selbst *voraussetzt*, nachträglich ergänzt beziehungsweise *supplementiert*.

Diese »Bewegung« des Unterscheidens »mittels Aufschub, Übertragung, Zurückstellung, Zurückweisung, Umweg, Verzögerung, Beiseitelegen« (POS 41), die zugleich als »gemeinsame Wurzel«, »Herstellung« und »Entfaltung« aller begrifflichen Gegensätze (POS 42–44) fungiert, stellt eine durch und durch paradoxe und aporetische Denkfigur dar, die aber weniger begrifflich konstruiert als vielmehr der differenziellen Struktur der in der Spur nämlich zum Ausdruck kommenden Zeitlichkeit geschuldet ist. So geht es jetzt noch radikaler darum, diejenige naive Gewissheit zu erschüttern, die Derrida mit Heidegger als den »vulgären Zeitbegriff« (RG 57)[12] bezeichnet. Bereits Heidegger nämlich denunzierte mit diesem Begriff die metaphysische Vorstellung von Zeit, die Sein als »*Anwesenheit*, d. h. [...] mit Rücksicht auf einen bestimmten Zeitmodus, die *Gegenwart*«[13], begreift und damit auf Präsenz reduziert. Zeit als Geschehen wird so als Akkumulation von Jetztzeitpunkten *chronologisch* für messbar gehalten und damit einer Verräumlichung unterworfen, die Derrida in seinem Aufsatz »Ousia und gramme. Notiz über eine Fußnote in *Sein und Zeit«* (RG 57–92) anhand einer eingehenden Lektüre dieser Kritik Heideggers vor allem an der Tradition von Aristoteles und Hegel dekonstruiert. Über Heidegger hin-ausgehend will er dabei das Problem der Anwesenheit als privilegierte Gegenwart mit dem der geschriebenen Spur in Verbindung bringen, die als Verräumlichung des Punktes und der Linie den Raum zugleich aufhebt und damit schon der Zeit unterwirft.[14]

Die von der *Grammatologie* herausgearbeitete Schrift spielt sich also in einer immer schon verzeitlichten Räumlichkeit ab, in der das Jetzt keinen Punkt darstellt, der die Zeit anhält, sondern als Name für Grenzen fungiert, an denen die Zeit ihre Wirkung als Entzug von Gegenwärtigkeit zeigt. Und dieser Entzug ist das Eigentümliche der Schrift als Spur im Sinne der »différance«: Sie ist weder Anwesenheit noch Abwesenheit, weder Raum noch Zeit, weder Wirklichkeit noch Möglichkeit, sie ist immer beides beziehungsweise eine »mediale Form« (RG 37) zwischen aktiver Operation und passiver Reaktion. Insofern verschränken sich in ihr auch Verräumlichung und Verzeitlichung (»Temporarisation«) zur dialektischen Figur von »Raum-Werden der Zeit« und »Zeit-Werden des Raumes« (GR 118; RG 42).

Letztlich geht es Derrida aber nicht um die Neubegründung einer Philosophie der Zeit, die für ihn immer in einem metaphysischen Denken – wie exemplarisch bei Heidegger – befangen bleibt, er zielt vielmehr auf eine Sprengung aller für Zeit charakteristischen Begriffe wie »Linie«, »Punkt«, »Folge« usw. mit dem Ziel einer »Möglichkeit des Unmöglichen« (RG 78) in Gestalt einer »Simultaneität des Ungleichzeitigen« – also als »unmögliche Möglichkeit« (RG 79), wie sie in den Kategorien der Spur oder der »différance« gedacht wird.[15] Man darf also das Präfix »Ur-« (archi-) in den Ausdrücken »Urschrift« oder »Urspur« nicht als Rückgang auf einen archäologischen Ursprung missverstehen, sondern muss immer mitbedenken, dass Verzeitlichung gleichbedeutend ist mit der Supplementarität des Zeichens und der im Verweisen auf Anderes vollzogenen Aufhebung von Identität:

> »Die Spur ist nicht nur das Verschwinden des Ursprungs, sondern besagt hier [...], daß der Ursprung nicht einmal verschwunden ist, daß die Spur immer nur im Rückgang auf einen Nicht-Ursprung sich konstituiert hat und damit zum Ursprung des Ursprungs gerät. Folglich muß man, um den Begriff der Spur dem klassischen Schema zu entreißen, welches ihn aus einer Präsenz oder einer ursprünglichen Nicht-Spur ableitet und ihn zu einem empirischen Datum abstempelt, von einer ursprünglichen Spur oder Ur-Spur sprechen.« (GR 107 f.)

Ursprünglich wäre folglich allein die Nichtursprünglichkeit, weshalb die Spur paradoxerweise nur gegeben ist »als ihr eigenes Erlöschen« (RG 90). Sie schreibt oder bahnt sich in jedem Moment ihres Daseins also schon fort, und zwar im doppelten Sinne des Wortes, der es erlaubt, »das *Gelöschte* und das *Gebahnte* der Spur *zusammen* zu denken« (RG 91). Was sich zeigt, mithin sichtbar wird, ist immer nur Spur einer Spur beziehungsweise die Spur ihres eigenen Verschwindens in der Folge des *Supplements*. Schreiben in einem generellen Sinne heißt dann, sich in diese Absenz des Entspringens als Nachträglichkeit der Schrift hineinzustellen. Für das Subjekt des Schreibens bedeutet dies eine fundamentale Konfrontation mit dem eigenen »Abwesend- und Unbewußt-Werden«, nämlich als »Verhältnis des Subjekts zu seinem eigenen Tod« (GR 120).

Dieses Einbrechen des Außen der materiellen und medialen Schrift bestimmt auch die Rolle des schreibenden Subjekts. Zwar fällt das von Zeitgenossen wie Roland Barthes in Umlauf gebrachte Stichwort vom Tod des Autors bei Derrida nicht explizit, aber jede Vorstellung eines Ursprungs des Sinns in einer stiftenden Autorschaft wird eingeholt durch den »testamentarisch« (GR 120) genannten Zug des Graphems. Nicht nur hat das Subjekt keine Gewalt über die Schrift und ihre Entfaltung, es wird von dieser auch ausgelöscht, ja Derrida geht sogar so weit, zu betonen, dass sich die Schrift überhaupt erst in der doppelten Abwesenheit – kommunikationstheoretisch gesprochen – des Senders und des Empfängers entfalten kann. Dies ist Gegenstand der folgenreichen Auseinandersetzung Derridas (in dem 1971 gehaltenen Vortrag »Signatur, Ereignis, Kontext«; vgl. RG 325–351, Neuübers. LI 15–45) mit dem Begriff der Kommunikation in John Austins Sprechakttheorie; folgenreich insofern, als der Austin-Schüler Searle die englische Übersetzung mit einer polemischen Reaktion quittierte, auf die Derrida wiederum mit dem ausführlichen und ironischen Text *Limited Inc* antwortete.[16] Austin hatte mit den *performativen* Sprechakten versucht, einen neuen Typus von Aussagen zu begründen, deren Wahrheitswert, anders als bei den *konstativen*, also vom Sprachsystem bereits festgeschriebene Bedeutungen nur bekräftigenden Sprechakten, durch den vom Subjekt beherrschten Akt der Äußerung selbst bestimmt wird. Zu diesem Zwecke muss er aber laut Derrida eine ideale Situation konstruieren, in der ein »totaler Kontext« für eine erschöpfende Determination aller Bedingungen durch die subjektiven Bedingungen einer bewussten und klar zum Ausdruck kommenden subjektiven Intention sorgt. Searle bestätigt diese Annahme in seiner Replik, indem er eine Identität der bewussten Autor-intention und der Bedeutung des Textes unterstellt.[17] Hier setzen Derridas Bedenken ein, die den geläufigen Begriff der Kommunikation auf seine ungebrochene Übertragung der Botschaft hinterfragen und generell Zweifel daran erheben, dass ein Kontext absolut bestimmbar ist und alle Randbedingungen bewusst erfüllt sind.

Derrida hält vielmehr fest, dass Zeichen gerade in der Abwesenheit des Empfängers produziert werden und damit zwischen diesem und dem Sender jener Abstand – samt allen Umwegen und Momenten von Verzögerung – sich auftut, der als »différance« beschrieben wurde. Das Eigenwillige der Schrift ist es aber, dass sie nicht eine mündliche Face-to-Face-Kommunikation zweier anwesender Gesprächspartner nur ersetzt und somit der durch sie eingeführte Begriff der Abwesenheit nur eine Modifikation von Anwesenheit ist, sondern dass sie sich erst in dieser Abwesenheit als Schrift konstituiert:

> »[…] meine ›schriftliche Kommunikation‹ muß, wenn Sie so wollen, lesbar bleiben, trotz des völligen Verschwindens jedes Empfängers, der im allgemeinen bestimmt wird, damit sie ihre Funktion als Schrift, das heißt ihre Lesbarkeit erfüllt. Sie muß wiederholbar – iterierbar – sein in absoluter Abwesenheit des Empfängers oder der Gesamtheit der empirisch bestimmbaren Empfänger.« (LI 24)

Dieser Begriff der *Iterabilität*, der von dem Sanskritwort *itara* für »anders« abgeleitet ist, umfasst zugleich das Moment der Wiederholung und das der Veränderung. Ein Zeichen muss wiederholbar sein, sonst wäre es nur das einmalige und semantisch nicht generalisierbare Vorkommen einer Privatbezeichnung, durch die Wiederholung variiert das Zeichen aber, indem es sich von einem vergangenen Kontext ablöst und einem neuen anpasst. Damit wird es schwierig, die von Austin getroffene Abgrenzung zwischen performativen und konstativen Sprechakten durchzuhalten, da Sprache als Kommunikation, das heißt als allgemein (mit-)geteiltes Zeichensystem immer an die Wiederholung allgemeiner Regeln gebunden ist und private Entscheidungen ausschließt. Und als dieses allgemeine System der Zeichenproduktion ist Sprache auch unabhängig von den Produzenten: Jeder Text muss über die Anwesenheit seines Autors hinaus lesbar bleiben und ohne dass dieser »für das, was er geschrieben und anscheinend unterschrieben hat, einsteht« (LI 26).

Als Beispiel für diese Abtrennung des geschriebenen Zeichens aus der Assoziationskette eines internen Kontextes führt Derrida die Metapher der *Pfropfung* an, die neue hybride Bedeutungsmöglichkeiten wie bei der botanischen Inokulation eröffnet, ohne eine gewisse Reinheit der Abstammung zu wahren. Und dennoch bleibt Kommunikation im Sinne einer Versteh- oder Lesbarkeit dabei durch die Referenz auf die Sprache allgemein über den jeweils im Sprechakt intendierten Gegenstand hinaus erhalten, denn das Verweisen auf andere Bedeutungen verlässt nicht den Rahmen des Textes. Die einzelne Bedeutung konkretisiert sich zwar in einem performativen Kontext, ihre Geltung bleibt in diesem aber unentscheidbar, da es »nur Kontexte ohne absolutes Verankerungszentrum gibt« (LI 32). In der Wiederholung kann ein Wort, ein Begriff schon wieder eine ganz andere Bedeutung wachrufen, wenn sich die Iterationsstruktur ohne Einschränkung auf eine Autor- oder Leserintention frei entfaltet, was Derrida mit einer anderen botanischen Metapher als »Dehiszenz« (LI 40) bezeichnet, als Aufspringen der Knospe im Augenblick des Erblühens. Damit wird auch für die mündliche Rede die Konstatierung eines reinen Performativs im Sinne Austins schwierig: Das Ereignis der Äußerung kann die Möglichkeiten der eigenen Zitathaftigkeit und der parasitären Aneignung und Abwandlung der Aussage nicht ausschließen, ja diese scheinbare Anomalie ist kein scheiternder Ausnahmefall, sondern gerade die Bedingung der Möglichkeit von Kommunikation als Mitteilung von Individuellem (also übersetzt: Unteilbarem). In aller Radikalität macht Derrida diese notwendig widersprüchliche Struktur am Begriff der Signatur deutlich, die als Authentifizierung von der

Einmaligkeit der geleisteten Unterschrift abhängig ist, andererseits aber nur in der Wiederholbarkeit ihre Geltung behält: als »die reine Reproduzierbarkeit eines reinen Ereignisses« (LI 43).

In seinem Buch *Dissemination* (DIS) hat Derrida eine Reihe von exemplarischen Begriffen untersucht, die durch binäre Oppositionen charakterisiert sind (nicht zu verwechseln mit der begrifflichen Unbestimmtheit einer *Polysemie*): wie das »Pharmakon«, das sowohl Heilmittel als auch Gift bedeutet, das »Hymen« als Abtrennung und Vereinigung, Unberührtheit und Vollzug der Ehe, Hülle und Enthüllung, neben den bereits bekannten Beispielen des »gramma« als Zeichen und Ding, Anwesenheit und Abwesenheit oder des »Supplements« als Mehr und Weniger, Zuwachs von draußen und Ergänzung von innen, Akzidentelles und Wesentliches, die »Verräumlichung« als Aufschub in Raum und Zeit.

Aber Derrida ist sich auch der praktischen oder pragmatischen Grenzen des disseminativen Spiels bewusst, die sich spätestens im Zusammenhang der konkreten Analyse einer Politik der Schrift abzeichnen. Aus diesem Grunde und um der Doppelstrategie der Dekonstruktion einen Ausdruck zu verleihen, prägt Derrida den Begriff der »Pragrammatologie«: Sie soll »jedesmal die situation der marken berücksichtigen, insbesondere die der aussagen, den platz der sender und empfänger, die sozio-historische kadrierung und ihre schnittfolge« (MC 22); sie wäre also das Double der grammatologischen Dissemination, deren »Miteinbeziehen dieses unbegrenzten [*sans bord*] Kontextes, die möglichst wache und umfassende Beachtung des Kontextes und somit eine unablässige Bewegung der Rekontextualisierung« (LI 211).

Die Paradoxie dieser doppelten Markierung lässt beide Zugangsweisen gleichermaßen zu: von der *Zufälligkeit* her, die jeden Kontext als kontingent gegenüber seiner internen, »infrastrukturellen Bedeutung« (GR 282, LI 228) begreift, und von der *Kalkulierbarkeit* her, die den vielfältigen Bezug auf die Vielfältigkeit der Elemente berechenbar macht. Bei dieser stabilisierenden Abgrenzung des Kontextes will Derrida aber immer die Gewalt einer »Form von Repression« (LI 231) deutlich machen, die zum Beispiel bei der anwendungsorientierten »Ziel- oder Zweckorientiertheit« der Forschung diese an »militärisch-industrielle Komplexe oder internationale technisch-ökonomische, ja militärtechnische Netze« (PU 77) rückbindet. Daher stellt sich für Derrida auch die Forderung nach einer »neuen Verantwortung« (PU 88) des Denkens, um über seine Grenzen und die Finalisierung und Institutionalisierung des freien Forschens nachzudenken.

Die Frage der Anthropologie: Aporien von Leben und Tod

Das Thema Mensch scheint im Kontext von Strukturalismus und Poststrukturalismus fast verpönt, wo alles sich um Zeichenrelationen, Diskurse oder Spuren dreht. Schon Heidegger hat sich entschieden gegen ein anthropologisches Missverständnis seiner *Daseinsanalyse* in seinem Hauptwerk *Sein und Zeit* gewandt. Damit ist aber für Derrida der entscheidende Ansatz gegeben, schon früh in seinen Arbeiten die Frage nach dem Menschen als Frage danach zu stellen, was unter diesem Begriff, diesem Wort, diesem Zeichen zu denken ist. Die Frage nach dem Menschen stellt sich dabei immer auch als Frage nach den Grenzen des Menschen, des Menschlichen, nach Begrenzung, Abgrenzung, Grenzerfahrung, zum Beispiel in den Fragen nach dem Verhältnis des Menschen zu seinen Ursprüngen und zu seiner Geschichte, zu seiner Sprache und deren kulturgeschichtlichen Manifestationen oder speziell zur Erfahrung seines Todes schon in der Schrift, wie sie Derridas frühe Auseinandersetzung mit Rousseau und Lévi-Strauss in der *Grammatologie* thematisiert. Zentral ist allerdings die Aporie des Sterbens, die ausgehend von Heideggers Figur des »Seins zum Tode« die Frage nach Möglichkeit und Unmöglichkeit menschlichen Daseins stellt und dabei auch Fragen nach der Erfahrung körperlicher Taktilität, nach Geschlechtlichkeit beziehungsweise der Differenz der Geschlechter sowie nach der Unterscheidung zwischen Tier und Mensch miteinschließt.

Ausgangspunkt bleibt für Derrida die basale Kritik am Logozentrismus, der sich nicht nur in Gestalt des Phonozentrismus und seiner Bevorzugung der Stimme als Nähe zur Präsenz des Geistes gegenüber der Schrift als nachträgliche Verkörperung zeigt, sondern auch einen Ethnozentrismus impliziert. Dieser prägt die abendländische Metaphysik in ihrer Schriftfeindlichkeit bis hin zu Heidegger, der als ihr Überwinder auftritt, aber doch wieder einem Humanismus verhaftet bleibt. Auch die *Grammatologie* will kein Jenseits der Metaphysik propagieren, sie begreift sich vielmehr als Denken *an der* Grenze oder *der* Grenze und ihrer differierenden Momente. Sie kann damit keine Humanwissenschaft im Sinne einer Wissenschaft vom Menschen sein, da sie die »grundlegende Frage nach dem Namen des Menschen stellt« (GR 148). Was wir vom Menschen wissen, ist eine kulturgeschichtliche Gedächtnisspur, die es von den Vorurteilen eines Humanismus zu befreien gilt. In ihr geht es nicht um »den« Menschen, sondern um die Genese und Zirkulation des Zeichens »Mensch«, um die Diskurse *über* Humanität. Für die einseitige Dominanz dieses Motivs über seine eigene Metaphorizität hinaus macht Derrida einen sogenannten Rousseauismus verantwortlich, das heißt das Präsenzmodell Rousseaus, das den platonischen Gestus des Logozentrismus wiederholt, aber auf eine »Selbstpräsenz im Gefühl« (GR 33) umlenkt. In seinem Namen begründet Rousseau seine Ideologie einer »natürlichen« und zugleich mit ihrer Lebendigkeit »göttlichen« Schrift, deren durch den zivilisatorischen Prozess verloren gegangener Naturzustand noch in Lévi-Strauss' ethnologischer Intervention zur Frage der Schriftkultur wiederkehrt.

Derridas Lesart des Werkes des französischen Ethnologen Claude Lévi-Strauss in der Tradition von Rousseau hat natürlich auch eine polemische Spitze gegen den Strukturalismus. Immerhin gilt Lévi-Strauss als der eigentliche Begründer der strukturalen Methode einer Anwendung des saussureschen Zeichenmodells auf die Klassifikation geisteswissenschaftlicher Gegenstände. Mit dem Rückverweis auf Rousseau wird die Inkonsequenz des semiologischen Strukturmodells hervorgehoben und die Treue gegenüber der abendländischen Metaphysik in Erinnerung gerufen. Lévi-Strauss erscheint so eher als Romantiker, der in seinem Hauptwerk *Traurige Tropen* einseitig die Gewalt des Benennens an das Auftauchen der Schrift bindet, um von einem gewaltfreien Paradies schriftloser Urgesellschaften zu träumen. Sein Schriftbegriff folgt, so schreibt Derrida in Anlehnung an die von Heidegger im Zusammenhang der Zeitdiskussion aufgebrachte Formel, dem »vulgären, das heißt ethnozentrischen Begriff der Schrift« (GR 193). Er ist so vulgär, will sagen: undifferenziert, wie die auf die Präsenz des Augenblicks fixierte Vorstellung von Zeit, weil er allein die alphabetische und damit phonozentrisch ausgerichtete Schrift als solche anerkennt, alle anderen Zeichensysteme aber – und hier kommt das ethnozentrische Vorurteil zum Tragen – als inadäquate Kulturleistungen beurteilt:

> »Mit ein und derselben Geste verachtet man die alphabetische Schrift, serviles Instrumentarium eines gesprochenen Wortes, das seine Fülle und Selbstpräsenz erträumt, und verweigert den nicht-alphabetischen Zeichen die Ehre, überhaupt Schrift zu sein.« (GR 193)

Derrida bezieht sich vor allem auf eine Stelle der *Traurigen Tropen*, die unter der Titelüberschrift »Schreibstunden« bekannt geworden ist. Lévi-Strauss berichtet hier vom Verhältnis des Indiostammes der Nambikwara zur Schrift, die ihnen nicht bekannt sein soll – »mit Ausnahme einiger punktierter oder Zickzacklinien auf ihren Kürbisbehältern«[18]. Allein schon in dieser abschätzigen Beschreibung sieht Derrida ein ethnozentrisches Vorurteil alphabetischer Schriftkulturen gegen alle nichtbuchstäblichen Zeichen. Insofern wird auch die Beobachtung des Ethnologen, dass die »Wilden« sein Niederschreiben der Beobachtungen im Notizbuch durch wellenförmige Linien auf dem geschenkten Papier nachahmten, nur als verständnislose Mimikry gewertet, während allein der Häuptling durch die Vortäuschung, seine Kritzeleien auch »lesen« zu können, die Funktion der Schrift begriffen zu haben schien. Lévi-Strauss erkennt in dieser Funktion keinen Wissensprozess, sondern allein eine Geste der Autorität, der Verleihung von Macht. Gewalt und Macht gerade durch Verfügung über Namen wohnt aber für Derrida dem Sprachprozess überhaupt inne, der als solcher immer schon dem schriftlichen Prinzip der Iterierbarkeit unterliegt. Der *Eigen*name muss wiederholbar sein, um zuschreibbar zu sein, und ist damit der Aneigbarkeit durch den Anderen ausgeliefert:

> »In der Tat gab es eine erste Gewalt zu benennen. Benennen, die Namen geben, die es unter Umständen untersagt ist auszusprechen, das ist die ursprüngliche Gewalt der Sprache, die darin besteht, den absoluten Vokativ in eine Differenz einzuschreiben, zu ordnen, zu suspendieren. Das Einzige *im* System zu denken, es in das System einzuschreiben, das ist die Geste der Ur-Schrift: Ur-Gewalt, Verlust des Eigentlichen, der absoluten Nähe, der Selbstpräsenz, in Wahrheit aber Verlust dessen, was nie stattgehabt hat, einer Selbstprä-

> senz, die nie gegeben war, sondern erträumt und immer schon entzweit, wiederholt, unfähig, anders als in ihrem eigenen Verschwinden in Erscheinung zu treten.« (GR 197)

Die idealistische Vorstellung einer vorschriftlichen Wahrung des Eigentlichen, einer »sozialen Authentizität« (GR 241) ist also ein Traum, den Lévi-Strauss mit Rousseau teilt. Der faktische Krieg der Eigennamen, der diesen als eigentumsrechtliches Kennzeichen menschlicher Eigentlichkeit verklärt und zugleich zum Spielball der Entstellung, Vergewaltigung oder Übertragbarkeit werden lässt, hat immer schon begonnen, seit es Sprache und damit die Beherrschung der Präsenz gibt. Dies zeigt Derrida anhand von Rousseaus *Essay über den Ursprung der Sprachen* auf, der als Beispiel für die tiefe Ambivalenz der Begrifflichkeit des *Supplements* dient. Während Rousseau nämlich in diesem Kontext das alte Lied von der Schrift als bloßen Ersatz für die lebendige Präsenz der Stimme singt, findet sich in seinen anderen, vor allem autobiografischen Schriften die umgekehrte Formel vom Leben als Ersatz für das im Medium der Schrift konstruierte biografische Ideal.

Derrida greift eine Formulierung aus Rousseaus *Bekenntnissen* auf, in der von einem »gefährlichen Supplement« die Rede ist. Rousseau meint damit ursprünglich ein Laster, das ihn zeit seines Lebens beschäftigt hat, nämlich die Masturbation, die auf Deutsch auch »Ersatzbefriedigung« heißt. Er entspinnt an diesem Problem nun eine argumentative Ambivalenz, die es wie den Kern der ganzen rousseauschen Aporie der Supplementarität erscheinen lässt und die zugleich im Zeitalter von Aids und Cybersex höchste Aktualität hat. Zum einen nämlich schütze die Masturbation den Jugendlichen vor dem Verlust seiner natürlichen Unschuld im Sinne einer Jungfernschaft und darüber hinaus vor lebensbedrohlichen, sexuell übertragbaren Erkrankungen, zum anderen öffnet sich mit dem Reich halluzinatorischer Wunscherfüllung aber auch eine End- und Maßlosigkeit der erotischen Fantasie, die das Individuum um eine wirkliche Befriedigung betrügt und zu einer bedrohlichen Verausgabung führt.[19] Derrida erkennt in dieser Argumentation alle Momente der platonischen Polemik gegen Schrift wieder: Wie dort beschrieben, betrügen die Fantasiebilder der Masturbation die Natur und verführen zu ihrer Destruktion. Zugleich stellt die Selbstberührung aber den privilegierten Weg der Herstellung von Präsenz durch Autoaffektion dar und erzeugt Autarkie gegenüber einem Genuss der Sache selbst, der immer auf Enttäuschung beziehungsweise Versagung hinausläuft. Insofern ist die Ökonomie des Supplements auch so etwas wie ein Schutz, ein Schutz auch vor dem Genuss der reinen Präsenz, der nichts anderes als der Tod wäre:

»Der Genuß ist nicht nur die Macht, eine abwesende Anwesenheit durch ihr eigenes Bild hindurch zu *verschaffen*: indem er uns diese durch Besorgung von Zeichen verschafft, hält er die Anwesenheit auf Distanz und beherrscht sie. Denn diese Anwesenheit wird ebenso stark herbeigesehnt wie gefürchtet. Das Supplement überschreitet und respektiert zugleich die Versagung. [...] Das Supplement ist also gefährlich, insofern es uns mit dem Tode bedroht, jedoch, wie Rousseau meint, keineswegs so gefährlich wie der ›Beischlaf mit Frauen‹.« (GR 268)

Es gibt also bei Rousseau durchaus eine Sympathie für die entstellende Supplementarität des Zeichens mit allen Konsequenzen einer Unendlichkeit der Verknüpfungen und Vermittlungen. Insofern nimmt Lévi-Strauss nur *ein* Motiv von Rousseau wieder auf, bei dem sich durchaus Misstrauen gegenüber der erfüllten Rede und der Wunsch nach einer aufschiebenden Ökonomie des Zeichens regt. In Rousseaus Ausführungen über den *Ursprung der Sprachen* schreibt sich diese Duplizität fort. Für ihn liegt der Ursprung der Sprache in den Leidenschaften (*passions*) des Menschen, die Geschichte der Sprache ist auch eine Geschichte der Liebe, wobei zwischen der sozialen Selbstliebe (*amour de soi*) und der pervertierten Eigenliebe (*amour propre*) unterschieden wird. Genau diese Unterscheidung beziehungsweise Abgrenzung sieht Derrida als unmöglich an, zeigt doch Rousseau selbst, wie die Geschichte der Liebe die Geschichte als Denaturierung widerspiegelt und die natürliche Liebesregung des Mitleids sich erst in der Substitution des Natürlichen durch Institution, Geschichte, überhaupt Kultur Geltung verschafft. Es gibt keinen reinen Ursprung, er ist immer schon durch die »originäre différance« (GR 286) markiert und damit durch Unreines, Fremdes, Äußerliches kontaminiert.

Auch für den Ursprung der Sprache gilt, dass eine notwendige Entfremdung im Augenblick der Überschreitung des reinen Naturgegenstandes eintritt: Sprache und Gesellschaft entstehen zusammen, aus einem Mangel an Natur in der Kultur und einem Überfluss an Ersatznatur in der Einbildungskraft, die als »Subjekt der Perversion« (GR 317) die erste Natur in einer zweiten vermenschlicht beziehungsweise kultiviert und zugleich entwurzelt. Aufmerksam schaut Derrida dabei schon auf die Rolle des Tieres im Begründungsdiskurs der Humanität, da es als sprachloses Wesen nach Rousseau auch keine Einbildungskraft hat. In ihm begegnet der Mensch aber seinem Anderen, dem gegenüber er sich in der von Rousseau repräsentierten metaphysischen Tradition abgrenzt, weshalb es Derridas Interesse von Anfang an ist, diese humanistische Grenzziehung außer Kraft zu setzen und Mensch und Tier nicht in diesem Gegensatzschema zu denken: auch nicht in einem nostalgischen der Animalität als »Leben, das noch nicht in das Spiel der Supplementarität eingetreten ist« (GR 416).

Nur im Verlust, im Abstand, in der Nachträglichkeit der

Re-Präsentation wird Bedeutung erzeugt, zeigt sich etwas, verkörpert sich etwas. Die originäre Katastrophe darf nicht in der Linearität eines einschneidenden Ereignisses gedacht werden, sondern organisiert sich um eine interne Grenze herum, die – ganz im Sinne von Rousseaus musikalischen Metaphern für Sprache – wie ein *Intervall* den Rhythmus der Sprache und des Lebens bestimmt. Linearität wird dabei durch das Modell der Kreisbewegung ersetzt, weshalb Derrida nicht nur im Begriff »Katastrophe« (Umwendung), sondern auch in dem der »Revolution« (Umdrehung) immer auch das bildliche Moment der Rotation mitdenkt. So kommt es statt evolutionsmäßiger Entwicklungsstetigkeit vom Primitiven zum Zivilisierten, vom Wilden zur Hochkultur oder vom Natürlichen zum Entfremdeten, vom Eigentlichen zum Uneigentlichen zu Umkehrungen des Ursprünglichen im Nachträglichen, des Eigentlichen im Uneigentlichen, letztlich auch des Lebens im Tode beziehungsweise des Bewusstseins des Lebens im Bewusstsein des Todes.

Gerade die Daseinsanalyse Heideggers mit ihrer Frage nach dem Wesen des Menschen hatte ihren Ausgang von einer Grenzerfahrung genommen. Die Fundierung des Menschseins in der *Sorge*, das heißt in der Ausrichtung auf die Fortsetzung beziehungsweise Erhaltung des eigenen Lebens, hat im Tod als Möglichkeit der eigenen Unmöglichkeit ihre Ultima Ratio. Von dieser Grenze her und der damit einhergehenden intensiven Erfahrung von Zeitlichkeit versucht Heidegger eine Neubestimmung des Wesens vom Menschen im Horizont des Seins, die für Derrida jedoch keine begriffliche Verschiebung der Grenzen der Metaphysik bewirkt. Schon in seinem Vortrag vom Mai 1968 zum Thema »Finis Hominis« (RG 133–157) kritisiert er diese Metaphorik der Nähe – zum Sein, zur Stimme, zur Sprache als Haus des Seins – in der Wesensbestimmung des Menschen, die Dasein wieder mit Präsenz verbindet:

»Der Mensch ist das Eigene des Seins, das ganz nah an seinem Ohr spricht, das Sein ist das Eigene des Menschen, so lautet die Wahrheit, die spricht, so lautet der Satz, der das Da der Wahrheit des Seins und die Wahrheit des Menschen hergibt.« (RG 153)

Umgekehrt bedeutet dies bei Heidegger die Koppelung eines Endes des Denkens des Seins an das Ende des Menschen, wobei dieses Ende in seiner radikalsten Form als Tod zugleich ein besonderes Sein-Können des Menschen darstellt.

Dieses Postulat eines Daseins als »eigenste, unbezügliche, unüberholbare Möglichkeit« im Denken des Todes als »Möglichkeit der schlechthinnigen Daseinsunmöglichkeit« beziehungsweise als gedankliches »Vorlaufen in die Möglichkeit« als »Unmöglichkeit der Existenz überhaupt«[20] wird für Derrida zur Provokation. In seinem Vortrag »Aporien – Sterben: Auf die ›Grenzen der Wahrheit‹ gefasst sein« von 1992 unterzieht er die heideggersche Todestheorie einer eingehenden Lektüre. Gezeigt werden soll, dass sich mit dem Ereignis des Todes keine Möglichkeit des Daseins eröffnet, seine Eigentlichkeit im Angesicht der Negation zu gewinnen und zu verewigen: Wir haben es hier vielmehr mit der Unentscheidbarkeit einer *Aporie* zu tun, mit einer »Unmöglichkeit als Nicht-Weglichkeit, als Nicht-Weg oder [...] das Unwegliche« (AS 31) einer Erwartung des Endes ohne Gewissheit oder Berechnung seines Eintretens. Wenn umgekehrt für Heidegger das uneigentliche Dasein dadurch gekennzeichnet ist, dass es keinen Bezug zum Tod hat, dann bestimmt sich Eigentlichkeit eher als Bezug auf etwas Bezugloses, als das der Tod in seiner Nichtvorherbestimmbarkeit figuriert:

»Wenn der Tod als eigenste Möglichkeit des *Daseins* die Möglichkeit seiner Unmöglichkeit ist, dann wird er zur uneigensten und ent-eigensten [ex-propriante], zur uneigentlichsten [in-authentifiante] Möglichkeit. Fortan sieht sich das Eigenste des *Daseins* vom ursprünglichsten Innen seiner Möglichkeit her durch das Uneigenste kontaminiert, überlagert und geteilt.« (AS 124)

Diese Unentscheidbarkeit zwischen Eigentlichkeit und Uneigentlichkeit des Lebens im Miteinbeziehen des Todes ist kein Privileg des Menschen in seinem Wissen um die Sterblichkeit. Für Heidegger kennt das Tier diese Dimension der Daseinsgrenzen nicht, sondern nur ein »Verenden«, in dem buchstäblich jede supplementäre Überwindung der Grenze ausgeschlossen ist. Aber es ist gerade die Figur der Aporie als »Möglichkeit des Unmöglichen als solchen« (AS 126), die generell das Überschreiten der Grenze unmöglich macht, die jede Erwartung, Prognostik, Statistik oder überhaupt Berechenbarkeit durchstreicht. Für Derrida ist der Tod jedoch in seiner aporetischen Gestalt die Grenze jeder Aneignung des Selbst als Eigentlichkeit. Und dies gilt nicht nur für das angeblich verendende, weil zukunfts-, todesbewusstseins-, ja sprachlose Tier. Am Umgang mit dem Begriff des Tieres zeigt sich vielmehr für Derrida am deutlichsten Heideggers Steckenbleiben in der metaphysischen Tradition des Humanismus, der seine aufwertende Wesensbestimmung des menschlichen Daseins darüber gewinnt, dass er alle anderen Lebewesen dieser qualifizierenden Merkmale (Welt, Dasein, Sprache, Tod) beraubt. Diesen Weg der »Durchstreichung« (VG 65) geht Derridas Dekonstruktion des heideggerschen Textes konsequent zu Ende: denn das Tier hat in diesem Sinne auch eine Welt, ein Dasein usw. nur in der Weise des »Nichthabens« (VG 61). Als solch ein negatives Wesen, das sich allen existenzialen Kategorien (Dasein, Vorhandenheit, Zuhandenheit, Mitsein) entzieht, erhält das Tier einen »dunklen Namen« (VG 69), der als Drohkulisse für das Humane aufgebaut wird und gerade bei Heidegger in die Nähe des Sympathisierens mit dem Faschismus gerät.[21]

In seinem letzten Werk, *Das Tier, das ich also bin*, das gleichwohl postum erst erschien und aus mehreren Teilen seiner Interventionen zum Thema von Autobiografie und Tier zusammengestellt wurde, führt Derrida diesen Gedankengang weiter, indem er die Selbstabgrenzung, Selbstauffassung und Selbstverortung des Menschen gegenüber dem Tier radikal hinterfragt. Es geht ihm dabei nicht einfach darum, den Tieren ein Dasein wieder zurückzuerstatten, sondern zu einem anderen Denken dieser »Abwesenheit des Namens oder [...] Beraubung« (DT 80) zu gelangen. Seine Philosophie bestimmt sich so wiederum im Sinne der Aporie und des Aushaltens der Aporie als Denken der Grenze, als Vervielfältigung und Pflege der Grenzen, als »Limitrophie« (DT 55). Für das Konzept vom Menschen heißt dies, dass umgekehrt zu fragen ist, ob er das Recht hat, sich all die Eigenschaften zuzuschreiben, die er dem Tier verweigert, und ob er diese Eigenschaften jemals selbst besitzt (vgl. DT 196). Derrida kann mit dieser Affirmation der Differenz beziehungsweise der differenzierenden und disseminierenden »différance« an andere Diskussionszusammenhänge seines Werkes anschließen, vor allem was die Frage der Geschlechterdifferenz betrifft und die Versuche der Aneignung dieser Differenz im Zeichen eines Phallozentrismus (SPO 160)[22]; aber auch der Apokalypse, die nicht mehr finale Enthüllung der eigentlichen Wahrheit wäre, sondern »exemplarische Offenbarung« der transzendentalen Struktur eines jeden Diskurses über die Wahrheit (APO 72), die männlich und weiblich, menschlich und tierisch ist und den Tod wie das Leben betrifft.[23]

Von der Psychoanalyse zur Psychosemiologie

Derridas Auseinandersetzung mit der Psychoanalyse nimmt eine ganz zentrale Stellung im Werk ein und wird für die konzeptuelle Ausdifferenzierung des Ansatzes der Dekonstruktion immer wieder thematisch. Nicht nur sieht er in Freuds Unterscheidung zwischen *Bewusstsein* und *Unbewusstem* sowie der analytischen *Triebtheorie* eine historische Zäsur, die ein völlig neues Verständnis von Begriffen wie Vernunft, Wissen oder Subjektivität nach sich zieht; Derridas Sichtweise der Psychoanalyse ist zugleich vor dem Hintergrund ihrer Reformulierung durch den französischen Strukturalismus zu sehen. Neben Louis Althussers marxistisch und Michel Foucaults psychiatriegeschichtlich ausgerichteter Lektüre Freuds ist es vor allem Jacques Lacan, der mit seiner »Rückkehr zu Freud« die Diskussion bestimmt. Die beiden Grundsätze, dass das Unbewusste »wie eine Sprache strukturiert ist« und dass die Sprache des Unbewussten die Sprache beziehungsweise »der Diskurs des anderen ist«[24], werden auch von Derrida geteilt, wobei sich allerdings am Verständnis dieses *Anderen* die Geister scheiden. Derrida interessiert an Freud eher das Ambivalente, Abweichende, an der Grenze zwischen zwei Epochen des Denkens Stehende und nicht die Begründung eines privilegierten Zugangs zur Wahrheit, das heißt sein »alter positivistischer Rationalismus«, der zugleich »wenn nicht einer neuen Figur der Vernunft, so zumindest einer neuen Interpretation der Geschichte der Vernunft, vielleicht sogar des Vernunftprinzips« (VP 10) Rechnung trägt.

Ausgangspunkt ist die in Freuds frühem *Entwurf einer Psychologie* von 1895 und im gleichzeitigen Briefwechsel mit Fließ entwickelte Theorie einer »Umschrift« der Erinnerungsspuren und »Übersetzung« in verschiedene Schichten des psychischen Apparates.[25] Mit Lacan geht Derrida dabei von einer Insistenz des Signifikanten im Unbewussten aus, das heißt einer Steuerung dieser Übersetzungsleistung durch die Zeichenfunktion, die über die Vorstellungsinhalte dominiert. Im Sinne des Konzepts der aufschiebenden *Spur* richtet sich Derridas Interesse aber mehr auf die semiologischen Effekte der *Unübersetzbarkeit*, mithin auf diejenigen Momente, in denen die symbolische Ordnung von Signifikant und Signifikat gesprengt wird und die neuen Sichtweisen der Psychoanalyse »– in Verbindung mit der Heraufkunft neuer Techniken der Archivierung und der Telekommunikation – den Aufzug bestimmter Paradoxien verstärkt haben« (VP 16). Der entsprechende Ansatz einer dekonstruktiven *Psychosemiologie* will folglich die Aufmerksamkeit für die in dem Maße unbewusste Dissemination und »différance« der Zeichen schärfen, wie sie nicht mehr der Verpflichtung auf eine Repräsentation von Konstanten oder Gesetzmäßigkeiten der menschlichen Psyche gehorcht.

Konkret gesprochen heißt dies, dass Derrida die Leistung des von Freud thematisierten psychischen Apparates von seinen zeichentechnisch sinnstiftenden Funktionen der supplementären oder iterativen Schrift her denkt, die er in Lacans Konzept einer Sprache des Unbewussten wieder auf das phonozentrische Modell einer deutenden Stimme der Wahrheit reduziert sieht. Das Grundthema der Archivierung wird so als Problem formuliert, als »Problem dessen, was bleibt oder nicht bleibt«, als Frage der »technisch-psychoanalytischen Paradoxien« dessen, »was uns die Psychoanalyse über die Einschreibung, die Ausstreichung, die Leerstellen, das Nicht-Gesagte und die Niederlegung im Gedächtnis zu sagen vermag« (VP 16). In diesem Sinne nimmt Derrida viele Begriffe der Psychoanalyse wie den des Unbewussten als Paradigma der Abwesenheit, der Verdrängung und der Nachträglichkeit, aber auch die freudsche Wortprägung »Trauerarbeit« wie Leitmotive in seine Arbeit am Archiv auf.

Freud gehört aber für Derrida letztlich noch der »Geschichte der Metaphysik« an, »dem System logozentrischer Unterdrückung, [...] um den Körper der geschriebenen Spur auszuschließen oder zu erniedrigen« (SD 303). Dementsprechend ist die Relektüre Freuds als »Re-Markierung« der »différance« im Sinne einer dekonstruktiven Radikalisierung zu verstehen. Systematische Differenzen wie die zwischen Lust- und Realitätsprinzip oder dem Todestrieb (der Freud in seiner Schrift *Jenseits des Lustprinzips* zur Entdeckung einer ursprünglichen Möglichkeit im Leben selbst für den Umweg, den Aufschub und damit die Ökonomie des Todes führt) sollen in ihrer Unentscheidbarkeit aufrechterhalten werden. Im Sinne dieser Grenzerfahrung – Freud selbst spricht zum Beispiel vom Trieb als Grenzbegriff – gilt es auch die Margen der Psychoanalyse als Verfahren abzustecken. So hat Freud aus seiner Neurosentheorie alle Borderline-Phänomene von Psychosen ausgeschlossen. Derrida bezieht sich demgegenüber auf die von Gregory Bateson dann unter dem Begriff des Doublebind bekannt gewordene Figur der Koexistenz gegensätzlicher Botschaften, die als Ursache für schizophrene Persönlichkeitsstrukturen angesehen werden.

Das Spezifische an Derridas Psychosemiologie ist nun die Entpathologisierung der von Freud beschriebenen Mechanismen, also zum Beispiel die Affirmation der Vielfalt von Verdrängungsmechanismen, die sich nicht im Namen des Logos, der Stimme, des Gesetzes, der Vernunft, des Vaters, des Signifikanten oder des Phallus entscheiden lassen. Andererseits würde aber Freud nicht im gegebenen Maße zur Auseinandersetzung herausfordern, wenn sich in seinem Werk nicht immer wieder Spuren einer im Sinne Derridas metaphonetischen Schriftlichkeit mit all ihren Implikationen eines Überbordens der Spurenbahnung fänden. Zu denken ist etwa an den kleinen Text über den »Wunderblock«, ein alltägliches

Aufschreibesystem, das Freud mit der Funktionsweise des psychischen Apparates vergleicht.

> »Es ist jedoch kein Zufall, wenn Freud in den entscheidenden Momenten seines Werdegangs auf metaphorische Modelle zurückgreift, die weder der gesprochenen Sprache, den sprachlichen Formen, noch der phonetischen Schrift entlehnt sind, sondern einer Graphie, die nie der Rede unterworfen, ihr äußerlich oder nachträglich ist. Freud wendet sich an Zeichen, die nicht dazu herhalten müssen, eine lebendige und volle Rede zu transkribieren, die selbstgegenwärtig und ihre eigene Herrin wäre.« (SD 305)

Für Derrida steht dabei das nicht mehr Ableitbare des unbewussten Textes im Vordergrund, und insofern fällt für ihn auch die Dimension eines Anderen fort, von dem her als Diktat ergehe, was als Buchstabe sich schreibt. Unterstellt wird damit nicht etwa wieder eine Innerlichkeit des Sinnes, vielmehr ist für Derrida die Schrift derart heterogen, metabolisch, überbordend und unentscheidbar, dass kein Signifikant, und sei es auch der des ewig anderen (Signifikanten), ihr Bedeuten einholen, sprich: umfassen könnte.

Was am Begriff des Unbewussten also von primärem grammatologischem Interesse ist, benennt ziemlich genau jene freudsche Entdeckung des wechselseitigen Ausschlusses von Bewusstsein und Gedächtnis. Die »Bahnung« des Gedächtnisses ist ein Unbewusstwerden, ein Absentieren, das heißt Verschwinden des Sinnes und mit ihm zugleich des erinnernden, aufbewahrenden Subjekts: »Die Verräumlichung als Schrift ist Abwesend- und Unbewußt-Werden des Subjekts.« (GR 120 f.) Derridas grammatologische Lesart unterstreicht gegen die Dimension einer authentischen, unverfälschten *Seelenschrift*, in der das »hic et nunc« einer endlich offenbar gewordenen Wahrheit sich enthüllte, wieder mehr das Supplementäre von Verdichtungen und Verschiebungen. In diesem Sinne potenziert Derrida Freuds eigenes Konzept einer *Nachträglichkeit* (entwickelt im Zusammenhang traumatischer Verführungseffekte) schon in der ursprünglichen Bahnung unbewusster Gedächtnisspuren, indem er die unhintergehbare Zeitlichkeit der schriftlichen Verräumlichung herausstreicht:

> »Es gibt keinen anderswo geschriebenen und präsenten Text, der, ohne dadurch verändert zu werden, eine Arbeit und eine Temporalisierung […] auslösen würde, die ihm äußerlich wären und die an seiner Oberfläche flottieren würden. Es gibt keinen präsenten Text im allgemeinen und selbst keinen gegenwärtig-vergangenen Text; ein vergangener Text, der gegenwärtig gewesen wäre. Der Text läßt sich nicht in der ursprünglichen oder einer modifizierten Form der Präsenz denken. Der unbewußte Text ist schon aus reinen Spuren und Differenzen gewoben, in denen Sinn und Kraft sich vereinen; ein nirgendwo präsenter Text, der aus Archiven gebildet ist, die *immer schon* Umschriften sind. Ursprüngliche Stiche. Alles fängt mit der Reproduktion an.« (SD 323)

Diese hier in unübertroffener Dichte formulierte Lesart des psychoanalytischen Schriftsystems wird in dem 1980 erschienenen Werk *Die Postkarte* noch einmal im Kontext der abendländischen metaphysischen Tradition – wie es im Titel heißt – *von Sokrates bis an Freud und jenseits* betrachtet. Im ersten Teil wird Freud zum Adressaten fiktiver sokratischer »Sendungen«, während der zweite Teil beherrscht wird von der Auseinandersetzung mit Lacan. Auch hier handelt es sich um eine »Re-« oder »doppelte Lektüre«, da Derrida sich auf Lacans Interpretation von E. A. Poes Erzählung *Der entwendete Brief* bezieht, um am Beispiel des Herumirrens des gestohlenen Briefes das Gewaltmoment der Abschließung beziehungsweise Ausrichtung des Wegs auf ein Ziel zu verdeutlichen. Auch terminologisch markiert die *Postkarte* eine neue Phase, genau genommen eine Radikalisierung des derridaschen Denkens. Nach der »grammatologischen« Herausarbeitung einer »différance«, der »disseminativen« Beschreibung »doppelter Markierung«, macht das »postalische« Prinzip der »Sendungen« mit einem Begriff von Unentscheidbarkeit vertraut, der in aktualer, retrospektiver und divinatorischer Hinsicht hoch komplex ist. Das, was geschickt wird oder sich schickt – in Anspielung auf die telekommunikative Bedeutung von Post –, »kann immer *nicht* am Schickungsort ankommen« (PK1 154). Der semiologische Prozess ist ein fortgesetztes, sich wiederholendes Schicken ohne Absender und ohne Adressat, darin liegt seine Chance. Entscheidend bleibt aber dabei, dass sich die Sendung einer *Übertragung* letztendlich entzieht:

> »[...] denn die Idee selbst des Entzugs (der Schickung eigen), die Idee des Halts und die Idee der Epoche, in der das Sein sich zurückhält, aussetzt, zurückzieht usw., diese Ideen sind unmittelbar gleichartig mit dem postalischen Diskurs. Postieren, das heißt senden, indem man mit einem Halt ›rechnet‹, einem Relais oder einem aussetzenden Verzug, dem Ort eines Facteurs, der Möglichkeit der Ablenkung und des Vergessens.« (PK1 83)

Derrida spielt so mit der Doppeldeutigkeit eines semiologischen Gedächtnisses des psychischen Apparates und den Informationstechnologien des Speicherns und Sendens von Daten, um auf beiden Ebenen zu zeigen, wie das Medium die Botschaft immer wieder transkribiert oder metaphorisch gesprochen mit dem »facteur« multipliziert, was übersetzt »Faktor« und »Briefträger« heißt. So wie in jeder Dechiffrierung ein Mannigfaltiges an Sinn restiert, als Rest verbleibt, so gilt umgekehrt, dass seine Erfüllung unter dem Schleier dieser Zurückbehaltung immer schon erfolgt. Derrida appliziert dieses Doublebind nun auf den freudschen Gegensatz von Lust- und Realitätsprinzip: Im postalischen Prozess kennzeichnet Ersteres den endlosen Aufschub und Umweg des Sinns, während Letzteres das »Zustellen« und »Feststellen« eines authentischen, ursprünglichen Sinns der *Sendung ohne Schickung* einfordert. Folgt die Psychoanalyse diesem Prinzip – wie etwa in der sogenannten Ich-Psychologie –, so schafft sie erst den Mangel an Sinn, den sie auf dem anderen Schauplatz einer Rekonstruktion der unbewussten Botschaft dann restituiert, statt seine Abwesenheit als eben nicht benennbare restieren zu lassen.[26] Aber auch Lacans Interpretation limitiert für Derrida die Bewegung, die der Buchstabe beziehungsweise Brief (*letter*) nicht als vorgeprägter durchläuft, sondern unvordenkbar vollzieht. Paradigmatisch teilt er in seinem Poe-Seminar den Rahmen oder Raum der semiologischen Referenzen transversal in zwei trianguläre, der typischen ödipalen Familienstruktur folgende Schemata, um sich als Analytiker im Kreuzungspunkt als festes Zentrum eines Wahrheitsdiskurses zu etablieren, der ein »Diskurs über die Wahrheit des entwendeten Briefes als Wahrheit der Erzählung *Der entwendete Brief*« (PK2 217) sein soll.

Die Berechtigung zu dieser Entscheidung zieht Derrida angesichts des postalisch möglichen Irrwegs des Briefes/Buchstabens in Zweifel. Lacans Unterstellung eines Ankommens des Sinns in der signifikanten Aufschlüsselung verdankt sich vielmehr einem gewaltsamen Eingriff, einem Zurechtbiegen, Normieren, Kanalisieren des Wegs der Sendung. Letztendlich macht Derrida damit deutlich, dass der Brief sich nicht finden kann, weil er nicht verloren wurde oder, was dasselbe bedeutet, immer schon verloren ist. Es gehört zur Verräumlichung der Sendung dazu, nicht *da* zu sein und folglich nur für Versuche der Aneignung oder Bemächtigung zum Mangel zu werden:

> »Die restierende Struktur des Briefes ist, daß, im Gegensatz zu dem, was das Seminar [Lacans] in seinem letzten Wort sagt [...], ein Brief immer auch nicht an seinem Bestimmungsort ankommen kann. Seine ›Materialität‹, seine ›Topologie‹ hängen von seiner Teilbarkeit, seiner immer möglichen Partitur ab. Er kann sich ohne Rücksicht zerstückeln, und das ist es, wovor ihn das System des Symbolischen, der Kastration, des Signifikanten, der Wahrheit, des Vertrags etc. immer zu bewahren versucht [...].« (PK2 220)

Diese Möglichkeit oder Chance, nicht anzukommen, immer noch einen Rest zu finden, neu aufbrechen oder anfangen zu können, bedeutet für Derrida zugleich, *vergessen zu können*, jenseits der Verdrängung, mithin ohne Aufbewahrung einer schuldhaften Kontinuität zum Signifikanten. Der ganze Unterschied zwischen dieser Aufbewahrung und dem Rest, der immer ein Überschuss ist, lässt sich daran bemessen, dass die Möglichkeit des Nichtankommens, des Nichtbeendens, zugleich die Chance einer *Zukunft* ist, des Kommenden einer nichthierarchischen, sich frei entfaltenden Neuschreibung.

Der später für einen Vortrag gewählte Titel »Vergessen wir nicht – die Psychoanalyse« nimmt diese Formel wieder auf: Er liest sich doppelt, nämlich als Votum *gegen das Vergessen* der Psychoanalyse in der gegenwärtigen philosophischen Diskussion und *für die Erinnerung* an die vor dreißig Jahren geübte Kritik an einem psychoanalytischen Dogmatismus vor allem bei Lacan. Wie auch in dem 1994 in London gehaltenen Vortrag über das »Archiv« mit seiner noch stärkeren Fokussierung auf eine »Bejahung des Zu-Künftigen« in der Wiederholung der

Spur (AR 124, 146) geht es um die Grenzen der Archivierung, um das Bleibende und die »Frage der *différance* oder *destinerrance*, der ›Schickungsirre‹ des Archivs« (VG 29) und im Gegenzug um die Frage nach der metaphysischen Autorität des Analytikers als souveränen Entschlüsselers der Triebschicksale und Wunschverschiebungen.

Der deutenden Tätigkeit eines Psychoanalytikers, der wie Lacan eine Restitution metaphysischen Denkens im Motiv der »kreisförmigen Bahn« einer Wiederaneignung des irrenden Buchstabens als »Wahrheit«, als »gegenwärtiges Sprechen«, als »transzendentale Position des Phallus« (als privilegierter Signifikant) unter Weglassung der Rahmenbedingungen des Spiels und der »Doppelgänger-Effekte« (VP 42–44) verfolgt, setzt Derrida seinen Ansatz der Dekonstruktion als »Erfahrung des Unmöglichen« (VP 38) gegenüber. In ihr erweist sich das unbewusste psychosemiologische Spiel der Signifikanten als unabschließbar im Sinne der Kontingenz, der Einzigartigkeit, des Ereignisses als Chance der Wucherung des Sinns, »als ob ein Virus in die Matrix der Sprache eingeführt worden wäre« (VP 101).

Auch bei Freud selbst kommt es Derrida auf die aporetische Grundfigur an, in die sich jede Interpretation der kryptischen Strukturen des Unbewussten verstrickt, die sich einer Enthüllung oder Reduzierung auf eine letzte und definitive Wahrheit gerade entziehen. Die Rätselhaftigkeit und Abgründigkeit des von Freud beschriebenen »Nabels des Traums« als »Knoten« oder Geflecht verborgener Sinnzusammenhänge (VP 141 f.) wird zum Beispiel dafür, wie ein anderes Verständnis von Analyse zu denken sei. Derrida bezieht sich dabei in gewohnter Manier zunächst auf die etymologischen Konnotationen von »Auflösung«, »Entbindung«, »Befreiung«, um den »archäologischen« und »eschatologischen« Motiven einen »Widerstand gegen die Analyse« (VP 153 f.) gegenüberzustellen.

Freud betonte gern die historische Bedeutung der Psychoanalyse und den revolutionären Charakter seiner neuen Behandlungsmethode. Derrida hat dies in seiner Eröffnungsrede zu den im Sommer 2000 unter der Leitung von René Major einberufenen »Generalständen der Psychoanalyse« wiederaufgegriffen, um an die Analogie zwischen der politischen Krise 1789 und der Psychoanalyse als Krise des anthropologischen Selbstverständnisses der Moderne zu erinnern. Aber es geht auch ganz konkret, ganz situationsbezogen um die Krise der Psychoanalyse als Institution. Und hier spielt Derrida nicht nur souverän seine argumentative Karte des alten Widerstreits zwischen allgemein wissenschaftlich-konstativen Aussagen und speziell kasuistisch-performativen Sprechakten aus, sondern er stellt das Krisenhafte, das zur Einberufung der Generalstände geführt hat und mit dieser Rückbesinnung auf die Ursprünge eine »Revolution« anbahnen kann, sogleich in den Kontext einer Globalisierungskrise, die auf die Dimension einer »teletechnischen Revolution des Möglichen« verweist, »die die Psychoanalyse in ihrer dominierenden Richtung nicht ernsthaft in Betracht zu ziehen vermochte« (SEP 24).

Ausgangspunkt dieser Überlegungen ist das Triebmodell der Psychoanalyse, in dem sich ihr Blick auf die Conditio humana ausspricht. Es ist ein Konfliktmodell, das voller Skepsis die Chance der Menschheit betrachtet, den Widerstreit zwischen der Lust an der Grausamkeit, am Bösen und der Lust am Leben und Lieben zu überwinden. Derrida radikalisiert sogleich sein Fragen nach einem Jenseits des irreduziblen Todestriebes, einem Jenseits des *Jenseits des Lustprinzips*. Diese Ausrichtung auf die Möglichkeit eines Unmöglichen, ein unmögliches Anderes, hält sich genau genommen *auf* der Grenze, *im* Dazwischen der Differenz zwischen Innen und Außen auf. Schon der Titel mit seiner Mehrdeutigkeit von »états« als »Zustände«, »Stände«, aber auch »Staatsgebilde« der Seele verweist auf Freuds ökonomisches Modell. Und Derrida nimmt genau diese ökonomische Sichtweise im ursprünglichen Wortsinne von *Haushaltung* ernst, um die psychoanalytische Umgangsweise mit der Unausrottbarkeit der Grausamkeits- beziehungsweise aggressiven Bemächtigungstriebe in ihrer Richtung zu bestärken, in einer *Richtung ohne Gerichtetheit*, ohne Ziel. Die Irreduzibilität des Bemächtigungstriebes mit seiner Koppelung von Souveränität und Gewalt verlangt nach einer Strategie des Bezähmens, Aufschiebens, des Umweges, eben nach Freuds Politik der Indirektheit (vgl. SEP 38).

Der französische Neologismus »indirection« spielt wieder mit mehreren Sinnebenen von Umlenkung, Indirektheit, aber auch Richtungslosigkeit: als Kultivierung durch eine Ökonomie oder List des Umwegs und des Aufschubs, durch eine Methode (in der griechischen Bedeutung von »Weg«, »Bahnung«) der Streuung (Dissemination), die die destruktiven Kräfte zugleich bindet und schwächt. Diese Ungradlinigkeit vermag die Polarität der Triebe nicht aufzuheben, sie ist jedoch in Suspense, in der Schwebe oder im Spannungszustand, wenn nicht sogar im Gleichgewicht zu halten. Es geht Derrida um die Nichtentscheidbarkeit der Differenz, die nicht versöhnt, sondern als »radikale Diskontinuität« nur im unvorhersehbaren, unberechenbaren Ereignis eines Sprungs eben übersprungen, nicht überwunden werden kann. Damit wird an die Psychoanalyse auch die Aufgabe gestellt, sich ihrerseits dem Hiatus, dem Spalt oder der Öffnung zwischen ihrem Wissen und dem der Ethik, des Rechts, der Politik zu stellen (vgl. SEP 82), und zwar nicht auf eine den Kontakt abbrechende Weise, sondern als indirekte Konsequenz einer Verantwortung beider Bereiche, sich wechselseitig zu berücksichtigen, ohne sich dabei ein Programm vorzuschreiben.

Ästhetik und Postmoderne

Das Textparadigma und der disseminative Stil

In seinem Habilitationsvortrag erinnert Derrida daran, dass er schon vor langer Zeit ein Thema ausgewählt und angemeldet habe: die »Idealität des literarischen Gegenstandes« (PUN 22). Auch wenn dieses Vorhaben im weiteren Verlauf seiner Arbeiten wieder verworfen wurde, ist die Bezugnahme auf die Literatur nicht ohne Bedeutung. Derrida hat immer an der Öffnung der Philosophie für ihr Anderes gearbeitet, ihre *Literarizität* als Text. Zwei Missverständnisse sind dabei jedoch sogleich zu vermeiden: Weder sind Derridas stilistische Experimente im Sinne Habermas' als Verlassen der philosophischen Argumentation in Richtung rhetorischer Effekte von Dichtung zu diskreditieren, noch beschränkt sich die Inanspruchnahme des literarischen Charakters philosophischer Texte auf ihr bloßes Geschriebensein. In einem 1989 gegebenen Interview gesteht er zwar, dass er früher zwischen Philosophie und Literatur geschwankt habe, dass sein eigentliches Interesse aber »weder einfach Literatur noch Philosophie« gelte.[27] Was Derrida nun verstärkt infrage stellt, sind die Grenzen zwischen Wahrheitskonstatierung und performativer Inszenierung eines Textes, oder noch deutlicher: zwischen Zeugnis und Fiktion. Die Argumentation richtet sich gegen einen Purismus der Vernunft, das Vorurteil einer Reinheit der philosophischen Sprache, die vielmehr immer schon mit der textuellen Erzeugung ihres Gegenstandes zu tun hat. Derrida bezieht damit klar Position in einer philosophischen Debatte um eigentliche/direkte und uneigentliche/übertragene Ausdrucksweisen, und zwar gegen eine analytische Philosophie und für eine Metaphorologie. Metapher, Idiom und Übersetzung sind die Schlüsselwörter für eine Erweiterung des philosophischen

Diskussionsrahmens, der die Grenze zum Literarischen im engeren, genrespezifischen Sinne nicht als Abgrenzung begreift, sondern als Verlagerung dieser Grenze ins Innere der Begriffsbildung.

Die Metapher ist kein Thema unter anderen, in ihr kommt vielmehr auf exemplarische Weise das Übertragen, Auf- und Verschieben, Supplementieren und Pfropfen zum Ausdruck, durch welches das semantische Feld der »différance« bestimmt ist. Erinnert sei noch einmal an die aktive Bedeutung von *écriture*, die im Sinne des Schreibaktes auch den Stil bezeichnet.[28] Entsprechend problematisch, aporetisch wird dann auch die unhintergehbare Leistung der Metapher verstanden. Schon der dekonstruktive Ansatz der *Grammatologie* setzt bei dieser Umorientierung einer Metaphorologie an, die Zweifel an der klaren und distinkten Unterscheidung zwischen einer unmittelbaren Wahrheit des Begriffs und einer vermittelten, nur gleichnishaft bildlichen Wahrheit der Metapher anmeldet. Die von der metaphysischen Tradition seit Platon angeführten Gegenbegriffe zur »eigentlichen« Schrift im geläufigen Sinne, nämlich die Schrift der Wahrheit in der Seele, das Buch der Natur, die Schrift Gottes, fungieren selbst als Metaphern, in denen »Unmittelbarkeit vorgetäuscht« (GR 30) wird. Dieses Argument, das Derrida bis hin zur Kritik der modernen Medien wiederholen wird, geht in Richtung einer Rehabilitierung der Metapher, nicht als umwegige Notlösung für das, worüber man nicht in rechten Worten reden kann, sondern als Normalfall der Aussageverkettung durch Zeichen, die eine ursprüngliche Übertragung (im Sinne von griechisch *meta-phorein*) bewirken:

> »Wohl bleibt diese Metapher rätselhaft und verweist darauf, daß der ›eigentliche‹ Sinn der Schrift der einer ersten Metapher ist. […] Nicht der eigentliche und der figürliche Sinn

sollen vertauscht, sondern der ›eigentliche‹ Sinn der Schrift müßte als die Metaphorizität selbst bestimmt werden.« (GR 31)

Aristoteles versuchte in seiner *Poetik* erneut eine Trennung zwischen eigentlichem und übertragenem Sinn vorzunehmen, indem er den Dichter als Nachahmer dessen, was geschehen könnte (nicht dessen, was wirklich geschah), bestimmte, also als Erfinder von Geschichten durch Metaphern als Übertragung von einem fremden Nomen auf ein anderes nach Analogie.[29] Aber genau mit der Benennung dieses Möglichkeitshorizontes berührte er das Potenzial des Denkens als Überschreitung des Aktualen und rückte unfreiwillig den Philosophen in die Nähe des Dichters. Für Nietzsche ist dies keine Überraschung, hatte er in seinem Aufsatz über »Wahrheit und Lüge im außermoralischen Sinne« doch verkündet, dass Wahrheit nichts anderes als »ein bewegliches Heer von Metaphern, Metonymien, Anthropomorphismen« ist.[30] Daran knüpft Derrida an, der bei seinem Nietzsche-Vortrag von 1972 die Frage nach dem Stil stellt, dessen Bedeutung er zunächst etymologisch auf die Funktion eines spitzen Gegenstandes, eines »Stiletts« oder »Dolches« zurückführt (SPO 132). Worum es aber eigentlich geht, ist das von Nietzsche entworfene Bild der Frau, das sich über Metaphern wie den Schleier, die Distanz oder das Rätsel von der Nicht-Wahrheit der Frau als ihre Wahrheit vermittelt. An diesen »Bildern« macht Derrida deutlich, dass der Bezug auf die Wahrheit immer ein vermittelter ist, ein Spiel mit der Oberfläche, die zur Tiefe erst wird durch den »Effekt eines Schleiers, der über sie fällt« (SPO 138). Übertragen auf die Kunstform des Stils heißt dies, dass dieser notwendig mit Momenten der Verschleierung, des *simulacrums* (Trugbildes), des Geheimnisvollen und Kryptischen zu tun hat, weil es die Wahrheit der Wahrheit nicht gibt, es sei denn – mit einer anderen Metaphorik des Enthüllens im griechischen Wort *apo-kalypto*, »ich entdecke«, »enthülle«, »offenbare«, gesprochen – als »Apokalypse« (APO 12, 64). Anhand von Nietzsches Diskurs über die Frau zeigt Derrida, dass es keine Wahrheit an sich gibt und folglich keinen adäquaten, logisch richtigen Ausdruck dafür und dass die Einsicht in die Vielheiten der Wahrheiten auch hinsichtlich der Interpretation von Literatur das »hermeneutische Projekt, das den wahren Sinn des Textes postuliert«, dekonstruiert und so die »Frage des Stils als Frage der Schrift« (SPO 153) reformuliert.[31]

Letztlich bleibt Derridas Lektüre von Literatur eine philosophische Lektüre,[32] die das Problem der Metapher und des Stils nicht als literarische Kategorien behandelt. Verwiesen sei hier auf das Werk Immanuel Kants, der am Beispiel der Beispiele und ihrer Unentbehrlichkeit für die »parergonalen« (zum schmückenden Beiwerk des Rahmens gehörigen) Effekte der Symbolbildung zeigt, wie das Metaphorische eines »Beiher-Spielens« dem Denken einen »Spielraum« (WM 102) eröffnet, der einen nicht kontingenten »Raum der unmöglichen, der fehlgeschlagenen oder der noch nicht konsolidierten Begriffsbildung«[33] darstellt. Diese von Hans Blumenberg stark gemachte genealogische Dimension ist das, was Derridas Dekonstruktion wieder sichtbar machen will, und er kann in seinem Aufsatz »Die weiße Mythologie. Die Metapher im philosophischen Text« (RG 229–290) überzeugend nachweisen, dass es keinen Begriff gibt, der seinem metaphorischen Gleiten entkäme: »[…] die ganze philosophische Abgrenzung der Metapher läßt sich bereits mit Hilfe von ›Metaphern‹ herstellen und beeinflussen.« (RG 272) So banal es aber klingt: Derrida ist weder Literaturwissenschaftler noch Literat. Man kann sich zwar über die Szene in dem *Derrida*-Film von Amy Kofman amüsieren, in der ein weiblicher Fan nach einem Vortrag nach vorne eilt, um Derrida seine Begeisterung über den kürzlich gelesenen Roman von ihm zu übermitteln (wofür sich Derrida brav bedankt), aber letztlich wird klar: Derridas Interesse an Literatur gilt nicht der poetologischen Kunstform, sondern dem anderen Denken. Man kann es auch so formulieren: Geht es bei der Philosophie um deren Literarizität, so bei der Literatur um deren philosophisches Moment. Dichter werden somit Philosophen in der Ernsthaftigkeit ihres Denkens gleichgestellt, gerade weil sie sich dem Metaphorischen, Idiomatischen, dem figürlichen Gleiten der Sprache anvertrauen.

Wenn Derrida in seinem Habilitationsvortrag mit listiger Anspielung auf den gleichlautenden Titel einer Schrift Sartres fragt: »Was ist Literatur?«, so lenkt er die Frage sogleich um zu der Formulierung: »Was ist Schreiben?« (PUN 23), um in der Überkreuzung (also einem Chiasmus als der von Derrida bevorzugten rhetorischen Figur) einer »literarischen List der Einschreibung« und einer »Paradoxie der Spur, die nur ankommt, um sich davonzumachen, um sich selbst auszustreichen in der Remarkierung ihrer selbst« (PUN 24), die Faszination für das zu lokalisieren, was er immer wieder *Schrift* nennt. Dieser Faszination begegnet er schon früh bei dem in Deutschland weniger bekannten Maurice Blanchot, der neben seinem umfangreichen erzählerischen Werk in vielen Essays wie zum Beispiel *Die wesentliche Einsamkeit*[34] das Schreiben und das Verhältnis zur Schrift einer unermüdlichen Reflexion unterzogen hat. Aber auch andere Beispiele aus dem derridaschen Werk *Die Schrift und die Differenz* zeugen von der Lust an Texten, in denen sich eine stilistische Experimentierfreudigkeit disseminativen Schreibens Bahn bricht, so etwa die Auseinandersetzung mit *der Frage* des Buches bei Edmond Jabès, mit der gestohlenen Stimme in Antonin Artauds *Theater der Grausamkeit* als Sprengung einer Geschlossenheit der Repräsentation oder mit der Rückhaltlosigkeit einer Ökonomie der Verausgabung im Schreiben Georges Batailles. Dabei versteht es sich von selbst, dass Derrida vorwiegend solche Beispiele einer literarischen Avantgarde wählt, in denen sich textimmanent schon ein dekonstruktives Verhältnis zur eigenen Sprachmaterialität herausgebildet hat. Andererseits hält er grundsätzlich fest:

> »Dekonstruktion ist keine *nachträglich* von außen her eines schönen Tages sich ereignende Operation, sie ist immer schon am Werk im Werk [...]. Wenn die auseinandersetzende Kraft der Dekonstruktion sich *immer schon* in der Architektur des Werkes verortet findet, so käme es angesichts dieses *immer schon* insgesamt gesehen nur noch darauf an, das Gedächtnis ins Werk zu setzen, um dekonstruieren zu können.« (MEM 103)

In seinem Buch *Dissemination* (1972) wählt Derrida zur Verdeutlichung seiner Methode einen Text von Stéphane Mallarmé, der als Hauptvertreter der symbolistischen Avantgarde in seinem paradigmatischen Gedicht »Un coup de dés jamais n'abolira le hasard« von 1897 nicht nur einen Ausweg aus der »Krise des Verses« suchte, sondern auch die typografische Gestaltung der Seite durch eine Variation der Schreibweise revolutionierte. Unter dem Titel »Mimique« (Mimik) erzählt Mallarmé die Geschichte einer Pantomime, in der ein Pierrot schildert, wie er zum Mörder seiner untreuen Frau Colombine geworden ist. Die monodramatische Pointe besteht darin, dass der Mime mangels Sprache durch Gesten und Mienen sich selbst als Pierrot und seine getötete Frau Colombine, also Mörder und Opfer zugleich darstellen muss und das erzählte Vergangene in der erzählenden Gegenwart einer Reinszenierung wiederholt. Mallarmé übersetzt diese zeitliche Paradoxie in die poetischen Formeln einer Anspielung »unter dem falschen Anschein von Gegenwart«, als »Milieu, ein reines, von Fiktion«, das »einem sündigen, doch heiligen Hymen (aus dem der TRAUM hervorgeht) zwischen Wunsch und Erfüllung, Verüben und Sicherinnern«, Raum schafft.[35] Derrida greift diese Komplikationen des Darstellens auf, um die lineare Struktur des Erzählens aufzurollen beziehungsweise ihre knoten- und faltenreiche Verstricktheit in einer Vielheit von Verweisen auf Sinndeutungen zu exponieren. In dieser Hinsicht verdichtet sich in Mallarmés Metapher des Hymens das Konzept der Dissemination, das Derrida einleitend auch als Übersetzung von »différance« in der Figur der *double marque* (als zweifache Markierung von Identität und Differenz) einführt:

> »Diese Struktur der *zweifachen Markierung* (*erfasst* – daraus entnommen und darin eingeschlossen – in einem Oppositionspaar, bewahrt ein Ausdruck seinen alten Namen, um die Opposition zu zerstören, der er nicht mehr völlig zugehört, der er im übrigen *niemals* nachgegeben haben wird, so daß die Geschichte dieser Opposition die eines unaufhörlichen und hierarchiebildenden Kampfes sein wird) bearbeitet das gesamte Feld, auf dem diese Texte hier sich verschieben.« (DIS 12)

Herauszuhören ist die doppelte Botschaft, dass Begriffe ihre eindeutige Bedeutung nur scheinbar erlangen und immer ein subordinatives Widerstandsmoment gegen hierarchische Strukturen bewahren. Dies wird in der »double séance«, der »zweifachen Vorstellung« Mallarmés offenbar. Es geht hier exemplarisch um Verwicklungen des Textes in einer komplexen Topologie und Topik, wobei Derrida immer wieder die stilistischen Figuren der Letzteren mit der buchstäblichen Räumlichkeit verbindet (auch dies in einem plastischen Sinne des Flechtens und Faltens). Der Schauplatz, den die Wiederholung, die Verdoppelung des Erzählens eröffnet, ist vor allem markiert durch ein »zwischen«, einen Zwischenraum, der zunächst die

Frage nach dem stellt, »was *zwischen* Literatur und Wahrheit passiert oder nicht passiert« (DIS 203). Auch dieses »passieren« wird doppelt, als geschehen und als überschreiten (etwa einer Grenze) gelesen, wobei das Besondere des Textes als wortwörtliches »Gewebe« darin besteht, Schleier und Vorhänge aufzuziehen, hinter denen sich nichts mehr verbirgt. Alles konzentriert sich auf die Doppelgeste des Ver- und Enthüllens, die mit Heideggers Analysen des griechischen Wortes für Wahrheit: »aletheia«, das *Unverborgene*, in Verbindung gebracht wird, als »Wahrheitsprozeß« (DIS 214), also nicht als Referenz auf eine vorher bestehende Sache, sondern als deren Hervorbringung im »Spiel« der doppelten Szene. Dieser seit der *Grammatologie* eingeführte Topos des Spiels, den Derrida an anderer Stelle (vgl. SD 422–442) zum Kernkonzept seiner Kritik an Lévi-Strauss gemacht hat, wird jetzt als Argument gegen die Ästhetik der Nachahmung stark gemacht. Der Mime ahmt nichts nach, sein Spiel bringt vielmehr ein »textuelles Labyrinth« (DIS 217) hervor, dem kein Sprechen, kein Prätext, keine Diktion vorhergehen:

> »Der Mime *spielt*, sobald er sich nicht nach einer tatsächlichen Handlung richtet und keine Wahrscheinlichkeit anstrebt. Das Spiel spielt stets die Differenz ohne Referenz oder eher ohne Referenten, ohne absolute Äußerlichkeit, das heißt ebenso auch ohne Drinnen. Der Mime mimt die Referenz. Er ist kein Nachahmer, er mimt die Nachahmung.« (DIS 245)

Diese Formel von der Referenz ohne Referenten greift das Prinzip der Supplementarität wieder auf und betont im Fehlen einer »absoluten« Äußerlichkeit nicht das Fehlen einer Bedeutung überhaupt, sondern das einer ursprünglichen, »abgelöst« existierenden, endgültigen oder eigentlichen Bedeutung; denn

»der Text *bejaht* das Draußen, markiert die Grenze« (DIS 43). Das Spiel der Verdoppelung der Bedeutungen greift im Zwischenbereich des Hymens zugleich auf eine etymologische Unentscheidbarkeit zurück, die allerdings erst durch eine syntaktische Praktik als Opposition von Abschirmung und Vereinigung, von Schleier und Entschleierung wirksam wird:

> »Das Hymen, Verzehrung der Unterschiedenen, Kontinuität und Vereinigung (*confusion*) des Koitus, Heirat, vereinigt sich mit dem, von dem es abzustammen scheint: das Hymen als Schutzschirm (*écran protecteur*), Schmuckkästchen (*écrin*) der Jungfräulichkeit, als vaginale Wand, als äußerst feiner und unsichtbarer Schleier, der vor der Hystera sich *zwischen* dem Drinnen und Draußen der Frau und folglich zwischen dem Wunsch und der Erfüllung hält.« (DIS 237)

Gewissermaßen durch die Feinheit dieser durchlässigen Schutzmembran erfolgt auch die Streuung des Textes, die im Titel *Dissemination* zum Ausdruck kommt, ein übrigens ebenso wie »Dehiszenz« und »Pfropfung« dem botanischen Bereich entnommenes Bild der Aussaat/Ausstreuung (medizinisch auch von Krankheitserregern). Die experimentellen Schreibspiele des *Nouveau Roman* haben nun versucht, diese buchstäbliche und bildliche Zerstreuung zugleich mit aleatorischen Zahlenspielen in Verbindung zu bringen, wie Derrida im letzten Teil seines Buches durch eine ihrerseits experimentelle, aphoristische Interpretation des hermetischen und hierzulande völlig unbekannten Romans *Nombres* (Zahlen) von Philippe Sollers (dem damaligen Herausgeber der linken Zeitschrift *Tel-Quel*) vorführt.

Derrida sollte aber auch eigene Versuche mit der Erweiterung seiner Schreibweise anstellen: 1974 erschien das sicherlich gewagteste Buch, *Glas*, das in zwei Spalten geschrieben ist, die wiederum durch eingeschobene Zitatblöcke unterbrochen werden, ein typografisches Erscheinungsbild, das an die Kommentarstruktur von Talmudtexten oder an barockes Seitenlayout erinnert. Zugleich fehlen alle gewohnten Ordnungskriterien: Die Texte beginnen und enden mitten im Satz, und auf den 289 doppelspaltigen Seiten unterbricht keine Kapitelüberschrift den Textfluss. Auch hier geht es um eine Doublierung, um eine zweifache Séance. Der linke Text beschäftigt sich mit der Philosophie Hegels, versucht die Aufhebung der dialektischen Gegensätze im absoluten Wissen als Gewaltakt zu desavouieren und parallelisiert diese Strategie mit einer Familienpolitik, die im Modell der *Heiligen Familie* samt jungfräulicher Geburt Christi und Abschwächung der Vaterposition im Zeichen einer phallozentristischen Ermächtigung der Tochter/Schwester/Frau (nach dem von Hegel herausgehobenen Muster der *Antigone*) eine Leugnung der Geschlechterdifferenz betreibt. Die rechte Spalte wendet sich demgegenüber den Romanen Jean Genets zu, die als Prototyp einer neuen selbstbewussten Homosexualität dieses Liebesmodell gegen die bürgerliche Gesellschaft stellen. Derrida zitiert sie als Beispiel einer anderen Ethik der Liebesgabe im Zeichen einer »Trauerarbeit« (GL 97) des Abschiednehmens von der vergänglichen Schönheit des Geliebten. Das französische Wort »glas«, das natürlich auch mit dem Anklang an das deutsche Wort auf Mallarmés hymenale Spekulationen über die Glas-/Spiegeloberfläche als Transparenz und Trennung anspielt[36], bedeutet »Totenglocke«, was Derrida auch auf die etymologisch klassische Operation des lateinischen Wortes »classis« für *Abteilung* als »Klassifikationsoperation« (GL 98) zurückführt.

Was sich hier vollzieht, ist eine Destabilisierung von Textstrukturen durch ein Doppelspiel der Sprachen und Codes, der Stile und Gattungen von Traktat und Prosa bis hin zur Antizipation von hypertextuellen Vernetzungen. Dies lässt Derrida in der hymenalen Struktur des Textes als Gewebe immer wieder das erkennen, was er im Metaphorischen überhaupt als das Unentscheidbare zwischen Ent- und Rückzug (*retrait*) markiert. Die Verwicklungen und Verflechtungen einer Übertragung und Übersetzung lassen sich nicht wieder in einer Metaphorik des Eigentlichen oder Ursprünglichen aneignen oder rezentrieren. Die *Tropik*, das heißt die Lehre von den figürlichen Wendungen, ist immer offen und ungeschützt für den Verrat sowohl gegenüber einer Muttersprache als auch einem kulturellen Vaterland. Jede Repräsentation von etwas *als* etwas überschreitet tropisch gewunden auch die einfache Präsenz der Dinge in ihrer physischen Vorhandenheit:

> »Die Metaphysik als Tropik, genauer: als metaphorischer Umweg, würde einem wesentlichen Entzug des Seins entsprechen. Das Sein würde sich allein in einer metaphorisch-metonymischen Verschiebung oder Abweichung nennen lassen, weil es sich nicht offenbaren, nicht zeigen kann, ohne sich in einer epochalen Bestimmung zu verhüllen, in einem ›als‹, welches das ›als solches‹, dem es zugehört, durchkreuzt.« (EM 337)

Die überbordende, disseminative Tendenz der Verweisung lässt im *Entzug*, der selbst metaphorisch zu lesen ist als Bewegung eines über die Grenzen Hinausziehens, einen »zusätzlichen Mehrwert« auch und gerade im stilistischen Bruch mit den traditionellen Wendungen, also »in der Gestalt einer quasi-katachretischen Gewalt, in der Art eines Mißbrauchs« (EM 340) entstehen. Das damit gegebene Moment von Nichtbestimmtheit, von Nichterscheinen, würdigt die »Gabe des Gedichts« in einem vorbehaltlosen Abschied von der Vorstellung einer authentischen Bedeutung der Dinge ebenso wie von der vom »machenden« (*poiein*) Dichter:

»Nichts zu machen, weder ›reine Poesie‹ noch reine Rhetorik noch *reine Sprache* noch ein ›Ins-Werk-Setzen der Wahrheit‹. Bloß eine Kontamination und so eine Kreuzung, dieser Unfall hier. Diese Kehre, die Umkehrung *dieser* Katastrophe.« (AP 303)

So Derridas Antwort auf die Frage: Was ist Dichtung? Es geht um den paradoxen Weg der Auslöschung aller lexikalischen Markierung, um die Chance, diese unaufhebbare Abwesenheit zu nutzen, die er immer wieder im Begriff der Spur aufruft und die auch den Entzug der Metapher beherrscht:

»[...] er kommt an, indem er sich im Anderen auslöscht, er löscht sich im Anderen aus und schreibt sich darin *parallel*, also heterologisch und allegorisch wieder ein.« (EM 351)

Indem Derrida so die Allegorie, deren gekürzte Form Aristoteles zufolge die Metapher ist, mit der Heterologie, also der Andersheit, koppelt, unterstreicht er noch einmal die Doppelbewegung der Iteration des Supplements, das zugleich in der Wiederholung den Kontext wiederherstellt, ihn aber in der Verweisung entstellt.[37]

In einem kleinen Supplement zur *Postkarte* hat Derrida das Grundprinzip in einem saloppen Wortspiel mit mehreren Sprachen zusammengefasst: Es geht um Übertragung, Übersetzung, Verschiebung, um

»Traduktion (*Übersetzung*), Metapher (*Übertragung*), ›Transfers‹, ›Transpositionen‹, analogische Konversionen und vor allem Transfers von Transfers: *Über, meta, tele:* diese Worte transkribieren dieselbe formale Ordnung, dieselbe Kette, und da unser Diskurs über diese Passage passiert im Lateinischen, füg auch *trans* zu Deiner Liste hinzu.« (TEL 23)

Im weiteren Verlauf seines Schreibens nehmen Derridas Bezugnahmen auf Literatur immer stärker auch einen politischen Charakter an. Das läuft zum einen darauf hinaus, dass der technische Hintergrund des Schreibens in einem sozialgeschichtlichen Sinne mitbedacht wird, ja Literatur als moderne Erfindung in den Kontext medientechnischer Revolutionen gestellt wird. Zum anderen erinnert Derrida aber auch daran, dass die andere Seite dieses Modernitätsschubs in der Entwicklung der Demokratie besteht und dass die Literatur als moderne Erfindung mit dieser Geschichte der Demokratie eng verbunden ist. Es sei ihre Grundidee und Aufgabe, das Recht auf freie Meinungsäußerung zu verbürgen, ja weiter noch, einen Freiraum zu schaffen, wo alles gesagt werden kann:

> »Die Möglichkeit der Literatur, die Ermächtigung, die ihr eine Gesellschaft erteilt, das Aufkommen von Argwohn oder Terror ihr gegenüber, all dies geht – politisch gesehen – mit dem unbegrenzten Recht einher, alle Fragen zu stellen, alle Dogmatismen zu verdächtigen, alle unausgesprochenen Voraussetzungen zu analysieren, und seien es die der Ethik oder der Politik der Verantwortung.« (ÜN 43 f.)

Zugleich knüpft Derrida an diesen emphatischen Begriff von Literatur als Freiheit eine Dekonstruktion dessen, was in diesem modernen literarischen System sich als »Autor« etabliert hat. Dieser soll, damit eben die Möglichkeit des Alles-sagen-Könnens in der Literatur sich zu entfalten vermag, nicht mehr als Verantwortlicher für das von ihm Geschriebene und mit seiner angeblichen Intention als Letztinstanz einer Antwort auf die Sinnfrage erscheinen. Eine »hyperbolisch« genannte Demokratie bräche so mit dem Autorbegriff einer bestimmten und historisch begrenzten Demokratie, die vom »Konzept des kalkulierbaren, rechenschaftspflichtigen, zurechnungsfähigen, verantwortlichen und antworten-müssenden, die Wahrheit sagen-müssenden Subjekts« (ÜN 44) ausgeht. Mit diesem Autorkonzept wird nämlich nicht nur die Sinnentfaltung von Literatur unangemessen eingeschränkt, sondern zugleich das entweiht, was für Derrida in seinem mit »Passion« überschriebenen Bekenntnis zur Literatur die Begeisterung für diese ausmacht: das »Geheimnis der Literatur«.[38]

Natürlich denkt Derrida dabei nicht an ein konkretes inhaltliches Geheimnis, es geht vielmehr um das Spezifische der literarischen Schreibweise, nämlich alles zu sagen, ohne das Gesagte in einer bestimmten Weise bloßzustellen. Mit »Geheimnis« ist also auch eine Weise des Sagens gemeint, die den Gegenstand in seiner Singularität anerkennt, seine Eigenheit, sozusagen seinen Eigennamen wahrt, ohne ihn anzueignen oder anzutasten, sein Geheimnis also darstellend wahrt. Man kann es auch einen »kryptischen« Zug der Literatur nennen, der Derrida interessiert und die Auswahl der von ihm behandelten Schriftsteller wie beispielsweise James Joyce, Franz Kafka, Paul Celan oder Maurice Blanchot bestimmt. Und wiederum ist »kryptisch« nicht als esoterische Kategorie misszuverstehen, sondern im buchstäblichen Sinne als räumliche Textstruktur, die einen verborgenen Ort, eine Leerstelle, ein im Inneren befindliches Außen gewissermaßen als »Unort« einer nicht zugänglichen »Krypta«[39] des nicht Sagbaren anerkennt.

Und um derart Geheimnisse zu bewahren, gilt es eine gewisse Widerständigkeit des literarischen Textes zu erkennen und zu respektieren. Denn der Text ist sowohl vor seiner Vereinnahmung durch die Eigentumsrechte eines Autors zu bewahren als auch vor anderen Formen der Aneignung im Bereich der Rezeption, etwa durch »verstehen« wollende Interpretationen, durch die Forderung nach begrifflicher Identität, aber auch durch ziel- und zweckorientierte Marktmechanismen oder andere Formen der Ausrichtung auf einen definitiven Wahrheits- und Bestimmungsort. Die von Derrida entwickelte und nicht zuletzt von den Literaturwissenschaften fruchtbar aufgegriffene Methode der Dekonstruktion stellt sich also dieser Aufgabe eines anderen Umgangs mit Texten, der beides zugleich leistet: nämlich die Strukturen ihres Entstehens und damit auch die Spuren ihrer Genese sichtbar zu machen und das freie Spiel des Bedeutens uneingeschränkt zur Geltung kommen zu lassen. Die Literatur oder allgemeiner das Literarische teilt mit den im engeren Sinne philosophischen Texten die stilistische Charakteristik einer metaphorischen Mehrdeutigkeit, erweitert diese aber auch um die Dimension der Fiktion. Für Derrida, der im nordamerikanischen Kulturbereich und besonders in den Literatur-Departments eine erste Schulbildung (zum Beispiel in der sogenannten Yale-Schule von Hillis Miller, Paul de Man, Geoffrey Hartman) erfuhr, liegt dabei natürlich schon der englische Begriff der »fiction« als Bezeichnung für die Nicht-Sachbuch-Literatur nahe, aber es geht eher generell um die Grenze sozusagen zwischen fingierenden und verifizierenden Texten, die infrage gestellt werden soll. In der Eröffnung seiner Blanchot-Interpretationen unter dem Titel *Gestade* spricht Derrida daher auch davon, der »Trennung von Literatur und Philosophie« keine Chance zu lassen, weil er ihr »keinerlei Recht zugestehen« (GS 12) kann. Aber, so fährt er sogleich fort, das impliziert keine Vermengung der Gattungen, sondern fordert sogar »neue und strenge Unterscheidungen, ja eine vollkommene Neuverteilung der Räume«.

Die Schrift und die Differenz qua »différance« stellen also Strukturmerkmale einer Dissemination von Sinn dar, die für alle Textsorten – philosophische, literarische, künstlerische, ja sogar, wie sich zeigen wird, auch piktografische und mediale insgesamt – gilt, und so besteht eine dekonstruktive Interpretation nicht in der Anwendung eines philosophischen Ansatzes auf Literatur, sondern in der Sichtbarmachung (*Re-Markierung*) jener Merkmale im Text. Und Derrida nennt gleich eine ganze Reihe von Kriterien zur weiteren Differenzierung der Texte, die sich aus Fragen »nach der Gattung, nach dem Titel oder dem Gesetz, nach der Erzählung oder dem Roman, nach dem Simulakrum, nach der Fiktion oder der Wahrheit, nach der Bewegung und dem Zitat« ergeben und die wiederum untereinander kombinierbar sind zu Themen wie »das Gesetz *und* das Gesetz der Gattung, die Gattung *und* die Erzählung, die Erzählung *und* das Zitat« oder weiterführenden Fragen nach dem »Ereignis«, der »Ankunft«, dem »Kommen-Heißen« oder «-Lassen«, der »Anrede«, dem »Bestimmungsort«, der »Entfernung« oder »Annäherung« (GS 12 f.).

Für die Beschäftigung mit Literatur im traditionellen Sinne heißt dies aber auch, dass Derrida keine Literatur*theorie* im Sinne hat und seine Auswahl von Textbeispielen ebenso wenig Aussagen über das Werk machen will wie die Auswahl der Schriftstellernamen Aussagen über die Autoren. Was in den Fokus dekonstruktiver Lektüren gerät, das sind »Rede-*situationen*« und darüber hinaus eine »manchmal nicht praktikable Topologie« (GS 14), nicht praktikabel, weil sie nicht wieder zum Werkzeug für philologische Klassifikation werden, sondern sich den paradoxen Widersprüchen derselben aussetzen will. Diese Betonung der performativen Struktur von literarischen Texten lenkt die Aufmerksamkeit von dem, was gesagt wird, darauf, wie es gesagt wird. Derridas Lektüren überlassen sich dem Spiel der Signifikanten (der Buchstaben, Phoneme, Moneme) in der Zufälligkeit und Singularität ihrer sich ereignenden Konstellationen und der darin zum Ausdruck kommenden Appell- und Adressierungstendenzen. Und es ist kein Wunder, dass mit dieser Abkehr von den großen Einheiten wie Autor, Werk, Epoche oder Stil gerade nicht die großen Erzählungen der sogenannten Weltliteratur von Derrida behandelt werden. Er zieht vielmehr solche Literatur heran, die sich ihrer Literarizität bewusst ist, das heißt der Tatsache, dass sie aus Buchstaben gemacht ist, die sich auf Buchstaben beziehen und nicht auf Dinge und deren Wahrheit.

Diese »Frage nach der *Buchstäblichkeit (litéralité) der Literatur*« (B 19), die Derrida mit einer erstaunlichen Rückwendung auf das bereits in der *Grammatologie* zitierte Buch *Europäische Literatur und lateinisches Mittelalter* des Komparatisten Ernst Robert Curtius mit der »Geschichte der Latinität«, das heißt dem Bildungshorizont einer »lateinisch-römisch-christlichen Kultur« (B 17) samt allen juristischen und politischen Implikationen in Verbindung bringt, schlägt sich in einer Selbstreflexivität oder -bezüglichkeit der modernen, von Derrida analysierten Texte nieder. André Gide hat in einer Tagebuchnotiz das in seinem eigenen erzählerischen Werk dann auch erprobte Verfahren auf den Begriff »mise-en-abyme« gebracht, nach der aus der Wappenkunde bekannten Technik des Bildes im Bild als innere, spiralförmige »Verabgründung« (abgeleitet von franz. *abyme* oder *abîme*, der »Abgrund«) der semantischen Referenz eines Textes, der sich auf sich selbst bezieht statt auf ein dargestelltes Draußen. Dieser mit Fragen nach dem, was Literatur überhaupt ist und wovon Literatur handelt, aufgerissene Abgrund ist aber kein Untergang oder Ende des literarischen Kunstwerks, er ist – mit Derridas Lieblingsbegriff gesprochen – eine *Chance*, der eigenen Möglichkeitsbedingungen quasitranszendental und supplementär teilhaftig zu werden.

Mit diesen Figuren des Abgrundes, der Rückwendung auf oder der Verwicklung mit sich selbst kommt wieder die Verräumlichung der Schrift ins Spiel, die durch Pfropfungen und Faltungen die Linearität der Stimme unterläuft. Schon die Modelle des Aufschubs und des Intervalls in der *Grammatologie* haben, ebenso wie das Trennende der Schleiermetaphorik des Hymens, ein »Zwischen/Dazwischen« markiert. Diese Raummetaphorik greift Derrida nun auf, um das Potenzial der Fiktion, des Fingierens, der »Erfindungen von anderem« (vgl. den Untertitel von PSY, 11–61, PSY I 15–761) zu beschreiben. Im Zusammenhang einer Beschäftigung mit Jean-Pierre Vernants Mythosbegriff wendet er sich dem Begriff der *Chora* zu, der von Platon im *Timaios* erwähnt wird. Wortwörtlich übersetzt bedeutet »Chora« »Ort«, »Platz«, »Stelle«, »Gegend«; Platon bezeichnet mit dieser Kategorie den Zwischenraum zwischen dem Sein und dem Werden, in dem sie als »dritte Gattung« (*triton genos*) zwischen den beiden anderen vermittelt. Aber nicht die Figur des Dritten interessiert Derrida, sondern die einer unentscheidbaren Zwischenposition »zwischen der Logik der Ausschließung und der der Teilhabe« (CH 12).

Als Erste hat Julia Kristeva diesen Begriff in ihrer Untersuchung zur *Revolution der poetischen Sprache* wiederentdeckt und als Eröffnung eines anderen Schauplatzes vorsymbolisch semiotischer, »ausdrucksloser Totalität«[40] analysiert. Derrida geht insofern einen Schritt weiter, als er jede inhaltliche oder substanzielle Bestimmtheit der Chora in der platonischen Bedeutung von Träger, Matrix oder Behältnis zurückweist und auf die bloße Figur einer Ermöglichung rekurriert. Es ist eher ein »Nicht-Ort« (CH 40), der *»Statt gibt (donnant lieu)«*, ohne sich dem Gesetz des von ihm *»Situierten«* zu unterwerfen (CH 13); ein *Zwischen*raum, der in dieser intermediären Position nur transitorisch, ein selbst flüchtiges Übergangsphänomen bleibt, das nicht aufnimmt, nicht besitzt, was alles zugleich in ihm *»Platz nehmen und reflektiert werden«* kann, indem eine *»erzeugte Abgründigkeit (mise en abyme)«* (CH 34 f.) seinen Diskurs beherrscht. Dieses Modell der Ermöglichung von Sinn durch etwas, was selbst nicht Sinn ist, liest Derrida als narratives Dispositiv, in dem jede Erzählung nichts als *»Behältnis* einer weiteren« ist und es »nichts als Behältnisse narrativer Behältnisse« gibt, wobei die Chora als narrativer Prototypus leer ist:

> »Doch wenn *chora* ein Behältnis ist, wenn sie allen Geschichten, [...] die man erzählen kann und die das zum Sujet haben, was sie aufnimmt, und sogar das, dem sie ähnlich ist, aber was tatsächlich in ihr Platz nimmt, einen Ort gibt, so wird *chora* selbst, sofern man das so sagen kann, für keine *Erzählung* zum Gegenstand, ob diese nun als wahre durchgeht oder als eine fabulöse.« (CH 55)

Übertragen gesprochen räumt Chora also nur einen Platz ein, um zu erzählen, aber nicht als Erzählung, wobei sie gleichsam als Gastgeberin nicht unschuldig bleibt. Die *mise-en-abyme* unterwirft das Erzählen einer Dissoziation, die es zu »tropischen Umwegen« zwingt, die »nicht mehr Figuren der Rhetorik« sein müssen (PSY 568)[41], mithin keinem Kanon der Übertragung von eigentlicher und uneigentlicher Rede mehr gehorchen. Und in diesem Sinne ist Chora auch ein namenloser Ort, den man nicht benennen kann, oder anders, mit dem Wortspiel Derridas um den französischen Ausdruck *appeler* gesprochen, den man nur »nennen« kann, indem man ihn »ruft«, wobei diese »Anrufung« auch eine »Weise des Sich-Adressierens« (PSY 569) darstellt, wie sie Derrida im Erzählen weiterverfolgt: beispielsweise in seinen Analysen des Anrufes »Komm« und des »Ja«-Sagens in Erzählungen Blanchots (GS 23 ff., 27) oder Romanen von Joyce. Deutlich wird mit dieser Appellativstruktur des auch schon apokalyptisch benutzten »Komm« auf die Zeitlichkeit des Erzählens verwiesen, die als Vorgriff in die Zukunft die Singularität des Ereignisses kommen lassen soll. Mit Chora wird aber kein Ursprung des Erzählens benannt, sondern es ist mehr ein *Inzitament*, Anregung oder Anreiz, zu erzählen, aber auch Verführung, zu wiederholen, zu zitieren, die Erzählung (*récit*) ihrer Bedeutung als das »Re-zitierte (le récité)« (GS 27) wieder eingedenk werden zu lassen.

Blanchot stellt für Derrida eine besondere Herausforderung dar, insofern er selbst in seinem Schreiben die Gattungen von Essay und Erzählung, die Stile von Philosophie und Literatur mischt und zugleich mit der Doppeldeutigkeit der Sprache spielt. Titel wie *L'arrêt de mort* (was »Todesurteil«, aber auch »Anhalten des Todes« bedeuten kann) oder *La folie du jour* (*Der Wahnsinn des Tages* als Vermischung der Assoziation von »Wahnsinn« mit Umnachtung und »Tag« mit Aufklärung) zeugen von einer hoch differenzierten Umgangsweise mit semantischen Doppelmarkierungen, wie sie Derrida etwa in seinem Aufsatz »Pas« (GS 21–118) als unentscheidbares Oszillieren zwischen den beiden Übersetzungsmöglichkeiten als »Schritt« oder »nicht« aufgreift. Aber schon die stilistische Form vermeidet Eindeutigkeit, denn es handelt sich um einen Dialog, vielleicht sogar um einen Polylog mehrerer Intervenierender, die sich so ganz natürlich widersprechen können. Auch weiß man nie, wer spricht, ob der auf dem Buchdeckel genannte Autor namens Derrida oder eine andere, zitierte oder sich einmischende Stimme. In »Überleben« (GS 119–217), wo es um eine wechselseitige Beziehung von Shelleys Gedicht »The Triumph of Life« und Blanchots *L'arrêt de mort* geht, unterteilt Derrida sogar die Seite, um im unteren Drittel einen zweiten, als »Bordjournal« bezeichneten Text als möglichen Kommentar oder Kontrapunkt anzufügen. Und schon der Titel *Gestade* der Sammlung von Blanchot-Lektüren, im Original *Parages*, was wiederum eine räumliche Metaphorik von ursprünglich maritimer Bedeutung (»Gewässer«, »Meeresgebiet«), umgangssprachlich aber von »Nachbarschaft«, »Umgebung«, »Gegend« meint, vereint in dieser Unbestimmtheit die »doppelte Bewegung der Annäherung und der Entfernung« (GS 17) zum interpretierten Text.

Diese Ambiguität der Gangart wiederholt, zitiert oder rezitiert, um nicht zu sagen imitiert die Erzählstrukturen bei Blanchot, der selbst als Erzähler beim Erzählen die Frage nach der Möglichkeit der Erzählung stellt und zum Beispiel seine »Erzählung« überschriebene Geschichte von der Erblindung und der Wiedererlangung der Sehkraft (*Der Wahnsinn des Tages*) zu einer Erzählung über das Erzählen einer Erzählung werden lässt und sich dem konfrontiert, was Derrida in aller fordernden oder verpflichtenden Schärfe als »Verlangen nach Erzählung« (GS 133) formuliert. Im Sinne der *chora*förmigen Ermöglichung enthalten Erzählungen nur wieder Erzählungen, »jede ›Erzählung‹ [...] *bildet einen* Teil der anderen und macht aus der anderen einen Teil ihrer selbst« (GS 147), wobei Derrida neben der räumlichen Verschachtelung auch auf die Zeitlichkeit des Erzählaktes in seiner Spannung zwischen Sagbarem und Sichtbarem aufmerksam macht. All diese Doppelbewegungen und -markierungen lassen sich nicht dialektisch auflösen, sondern bleiben als Alternativen unentscheidbar, weshalb Derrida die Anspielung auf das Doublebind in seiner psychiatrischen Konnotation ernst meint: Schizophrene Borderline-Psychosen als der »doppelte Zwang, das doppelte Verlangen« (GS 163) gleichzeitig ergehender widersprüchlicher Botschaften beherrschen auch die Erzählung. Ein Beispiel dafür bietet etwa die Situation in Blanchots Erzählung *L'arrêt de mort*, in der eine Todkranke um die erlösende Spritze bittet mit den Worten: »Wenn Sie mich nicht töten, sind Sie ein Mörder.« (GS 165)

Diese Zwickmühle der unmöglichen Entscheidung potenziert sich als paradoxe Figur in der Labyrinthik der Erzählfäden beziehungsweise besser: -verflechtungen, insofern sie zu keiner Metasprache Zuflucht nehmen können. Die von Derrida wiederholte Frage, wie man zu den umrandeten, angedockten

Textpassagen »Zugang gewinnen (*aborder*)« kann (GS 127), erfährt in den metaphorischen Begrenzungen durch einen »Rand (*bord*)« zugleich wieder entsprechend dieser *mise-en-abyme* einer Interpretation der Interpretation ein endloses Überborden (*déborder*). Die Ränder wandern bei Blanchot nach innen, weshalb Derrida zu einer medizinischen Metapher greift, der »Invagination«, eigentlich eine Bezeichnung für Einstülpungen von Gefäßwänden, die, übertragen auf den Erzählrahmen, »die innere Faltung der Hülle (*gaine*), die umgekehrte Wiederverwendung des äußeren Randes im Innern einer Form« (GS 145), beschreiben soll. Die Erzählung sprengt somit als Dekonstruktion vor der (interpretatorischen) Dekonstruktion den Rahmen, den ihr konventionelle Rechtskategorien auferlegen (wie die eindeutige Bestimmung von Titel und Autor, Erscheinungsort und Verlag), sie erschüttert selbst die Kontinuität und Homogenität in einer Weise, wie sie in der neueren Theoriediskussion der Literaturwissenschaft unter dem Stichwort des *unzuverlässigen Erzählens* diskutiert wird.

Entsprechend analysiert Derrida genauer die Rahmenstrukturen der Differenzierung von Titel und Inhalt, der Gattung »Erzählung«, der erweckten Erwartungen usw., um neben dem unbedingten Recht auf Literatur als »Recht, alles zu sagen« (B 27), auch deren justierendes und justifizierendes Gesetz auszumachen. In einer zu Ehren von Jean-François Lyotard verfassten Studie über Kafkas Erzählung »Vor dem Gesetz« widmet sich Derrida eingehend dieser Dimension des Literarischen. Schon der eigene Vortragstitel »Préjugés«, der auf den Tagungstitel »La faculté de juger« (*Die Urteilskraft*) anspielt, eröffnet in seiner Unübersetzbarkeit ein Spiel zwischen Vorurteil und Vorwegurteilen (Präjudizieren), das auch die Erwartung literarischen Texten gegenüber bestimmt. In vier Axiomen erinnert Derrida an die Voraussetzung eines Glaubens an die Identität des Textes, seines Autors, des Narrativs und schließlich des Titels, der jedoch im Beispiel Kafkas auch Teil des ersten Satzes der Erzählung ist. Aber der Titel nennt nicht, er ruft, er appelliert an ein Ereignis, das von der Literatur als Quasiereignis fingiert wird, und genau darin entdeckt Derrida eine Kraft des Literarischen, die es mit der Begründung des Gesetzes teilt, wie gerade Kafka erkannte:

> »Dies ist der Ursprung der Literatur und zugleich der Ursprung des Gesetzes, in derselben Weise wie der tote Vater eine Geschichte ist, die man erzählt, ein Gerücht, das umläuft, ohne Autor und ohne Ende, aber eine unvermeidliche und unvergeßliche Erzählung.« (PR 56)

Wenn nun aber Derrida doch wieder auf der Nachfrage insistiert, was Literatur von anderen Gattungen unterscheidet und zum Beispiel Kafkas Erzählung als solche ausweist, so bleibt als Spezifikum die Unentschiedenheit, die Offenheit für das Spiel der Referenz, die

> »eine wesentliche Beziehung mit dem Spiel der Rahmung und der paradoxen Logik der Grenzen bewahrt, die eine Art von Erschütterung in das ›normale‹ System der Referenz einführt, wobei sie eine wesentliche Struktur der Referenzialität *offenbart*« (PR 77).

Diese wesentliche Struktur der Referenzialität, die das Spiel nicht als Ausnahme-, sondern als Ausgangssituation erweist, stellt sich für Derrida zugleich als Grundsituation des Übersetzens dar, das ebenfalls nicht am Rand der Texte, in ihrem Außenbezug zu anderen Sprachen stattfindet, sondern schon im Inneren der Bedeutungsentfaltung erfolgt. Insofern ist »Babel« für ihn auch Chiffre des Erzählens, das immer in mehr als einer Sprache geschieht und – im Sinne von Walter Benjamins Aufsatz »Die Aufgabe des Übersetzers« – der »Unmöglichkeit des Vollendens, des Totalisierens, des Sättigens« (BT 119) ausgeliefert bleibt.

Die bei Benjamin gefundene Figur des *Überlebens* von Texten in der Übersetzung, wobei das Werk »über die Verhältnisse seines Autors hinaus, mit anderen Mitteln« (BT 135) lebt, hat natürlich für Derrida vor allem dort Konjunktur, wo sich das Erzählen ganz dem »Babelismus, der sich also zwischen Sprechen und Schrift abspielt« (UG 34), hingibt und so den Raum zwischen Auge und Ohr durchmisst: *Ulysses* und *Finnegans Wake* von James Joyce werden zu Paradebeispielen einer Dissemination der Buchstaben zwischen den Sprachen. Allein den beiden Wörtern »he war« widmet er Seiten, auf denen sich die Übersetzungsmöglichkeiten der englischen, deutschen, hebräischen, französischen Sprache überkreuzen und überbieten, bevor er die Konsequenz nennt, dass nämlich angesichts der »Gesamtheit des Berechenbaren« nur noch eine »gewisse Qualität des Lachens« den Weg ins »Jenseits des Kalküls und aller kalkulierbaren Literatur« (UG 37) öffnet.

Was bleibt, ist ein »Affekt«, eine »Stimmung«, das »Pathos« eines nicht komplettierbaren, nicht totalisierbaren und »quasi-transzendental und supplementär« funktionierenden »Überrestes« (UG 92), ein Lachen als Rest angesichts der virtuellen Totalität des Sinns, der Geschichte des Symbolischen, der Sprachen und Schriften, die im Werk von Joyce wie in einem wilden Taumel ausgebreitet werden. Derrida erkennt hier in der Literatur erneut die Qualität eines »Irren ohne Kalkül« (UG 46) an, das heißt ohne Berechnung auch des Ziels, letztlich ohne eine odysseeische Rückkehr in die Heimat. Und in dieser Hinsicht ist unentscheidbar, ob es sich um *Fiktion* oder ein *Zeugnis* handelt, wie Derrida anhand einer anderen, »unmöglichen« Erzählung Blanchots über den »Augenblick meines Todes« (B 50 ff.) zeigt. »Niemand zeugt für den Zeugen«, zitiert

Derrida aus dem Gedicht »Aschenglorie« Paul Celans in seiner Studie zur Rolle des Datums und der Unterschrift in der Dichtung Celans. Der Titel dieser Studie ist *Schibboleth*, in Anspielung auf das Losungswort in der Geschichte Israels, an dessen Aussprache die Stämme ihre Mitglieder erkannten. Für Derrida ist das Phänomen *Schibboleth* Zeichen »für die Vielfalt in der Sprache«, der Sprache »in ihrer Bedeutungs-losigkeit, der Aussagelosigkeit ihres sprachlichen Körpers« (SCH 63). Hier findet Dichtung ihre Aufgabe, indem sie erzählend und datierend Orte zuweist, die dem »Bedeutungs-losen« Bedeutung geben. Das ist es, was Derrida als »Einmaligkeit des Gedichts« in seiner »einzigen spezifischen Sprache (*idiome*)« (SCH 64) bei Celan findet: die »Gabe des Gedichts« (SCH 87), die das Unlesbare »als Unlesbares« lesbar macht und somit das Geheimnis mitteilt, indem sie es bewahrt.

Malerei und Architektur: Vom *Parergon* zur *Folie*

In seinem kunsttheoretischen Hauptwerk *Die Wahrheit in der Malerei* versammelt Derrida seine Studien zur Ästhetik Kants, Hegels, Benjamins und Heideggers, aber auch Einzelanalysen von Zeichnungen des italienischen Künstlers Valerio Adami sowie von den seriellen Objekten des in Deutschland so gut wie unbekannten französischen Künstlers Gérard Titus-Carmel. Die unübersetzbare Titelformulierung »la vérité en peinture«, wobei dieses »en« keine bloße Inhaltsangabe wie das deutsche »in« darstellt, sondern auch eine Modalität zum Ausdruck bringt (»beim Malen«, »im Medium der Malerei«), bezieht sich auf ein Briefzitat Cézannes. Der Maler spricht darin von einer Schuld, die Wahrheit der Dinge durch seine Malerei wiedergeben zu müssen, gibt aber zugleich das Versprechen, sie zu sagen, also auszusprechen. An dieser Formel vom »Sagen« durch ein »Malen« beziehungsweise genauer an der Frage nach dem dabei verbleibenden »Rest« an *Unübersetzbarem* (WM 18 f.) entwickelt Derrida seinen Zugang, der ein intermedialer ist und die Differenz von Text und Bild hinterfragt. Und doch gibt es ein Gemeinsames zu konstatieren, das im Moment des Zuges (*trait*) liegt und im Schriftzug der Zeichenproduktion ebenso wie der Zeichnung und des Pinselstrichs zu beobachten ist. Auch hier dominiert der Entzug von Präsenz und Prägnanz über das klassische Kategorienpaar von Künstler und Werk. Sie werden aufgelöst in eine »Atopik des *Parergons*«, die nach den »Instanzen des Rahmens, des Titels, der Signatur, der Bildunterschrift (Bildbeschriftung)« (WM 25) fragt, also nach dem, was die traditionelle Analyse des Werkes (*ergon*) für nebensächlich erachtet.

Das Versprechen, die Wahrheit im Medium von Farbe und Leinwand wiederzugeben, bildet gleichsam polemisch den Kontrapunkt zur Geschwätzigkeit der theoretischen Diskurse über die Wahrheit des Malerischen. Derrida versucht demgegenüber nicht nur von den technischen Grund- und Randbedingungen künstlerischen Arbeitens her, sondern auch von den institutionellen, diskursiven und ökonomischen Verwertungszusammenhängen diese Wiedergabe der Wahrheit der Malerei zu problematisieren. Einem ästhetischen Wertekanon gegenüber betont Derridas Ansatz die marginalen Momente von Kunstwerken und ihrer Entstehung, die den Rahmen sprengenden seriellen und aleatorischen, unentscheidbar zwischen Innen und Außen zirkulierenden beziehungsweise werkimmanent und zugleich dekorativ »beiherspielenden« Züge. Die emblematische Figur des Passepartouts (vgl. WM 28), die als scheinbar neutrale Umrandung den bildlichen Ausschnitt überall über seine Ränder »passieren« lässt, ist sozusagen Leitbild für das Parergon, das Neben-Werk. Dieses Zwischending zwischen Werk und schmückendem Beiwerk erschüttert die Legitimität der Zuschreibung von Titel, Signatur und Entstehungszeit, aber auch die stilistischen Orientierungen von Duktus, Zug, Strich, Einschnitt oder Einfall, die den Ursprung des Kunstwerks aus dem kreativen Akt eines Künstlers markieren sollen.

In einer minutiösen Lektüre von Kants *Kritik der Urteilskraft* werden die dort entwickelten argumentativen Figuren der Überbrückung eines Abgrundes zwischen der theoretischen und der praktischen Vernunft, des »Mittelgliedes« oder »Dazwischen-Seins« des ästhetischen Urteils als aporetisch überführt. Exemplarisch hierfür ist die klassische Abgrenzung des wesentlich Schönen gegenüber den schmückenden Beigaben des Parergonalen als »Supplement außerhalb des Werkes« (WM 75), das ein Herausfallen der ästhetischen Repräsentation aus dem selbst gezimmerten Rahmen kraft des eigenen Appells an die »Anzeichen einer natürlichen, ganz wilden Schönheit, in der sich das *Zweck-lose* oder das *Begriff-lose* der Zweckmäßigkeit enthüllt« (WM 107), demonstriert. Das Dilemma einer Legitimierung des freien Spiels der Einbildungskraft etwa bei der »pulchritudo vaga«, der zweckentbundenen Schönheit von Kunstwerken gegen die ontologische Bestimmtheit eines Naturschönen, versucht Kant zwar durch die Unterscheidung konstitutiver (das heißt erkenntnisleitender) und regulativer (das heißt im Kunstbereich bloß reflexiver) Urteilsformen zu lösen, aber er bestätigt damit immer wieder die parergonale Struktur, dass Nebensächliches, Randständiges, Unnützes zum Wesentlichen wird. Derrida versucht die Urteilsformen auch in den Gegensatz konstativer und performativer Aussagestrukturen zu übersetzen, was im Übrigen auch die typografische Gestaltung des Textes inszeniert. Zwischen längeren Abschnitten werden intervallartig Leerstellen gelassen, die durch Montagewinkel einen Rahmen andeuten sollen, der einen weißen Raum ausspart. Der Text öffnet so performativ einen leeren Verweisungsraum, der als innerer Reflexionsspiegel, als Passepartout für Bildbeispiele oder schlicht als Verräumlichung des Übergangs vom Diskursiven zum Visuellen verstanden werden kann.[42]

Auch für die Interpretation der kantischen Begrifflichkeit des »Erhabenen« spielt die Spannung zwischen konstativer Diskursivität und performativer Optik eine wichtige Rolle. Das Erhabene verweist ästhetisch auf die wahrnehmungs- und darstellungstechnische Grenzerfahrung des Kolossalischen, des Maßlosen und Überwältigenden, das gerade den Entzug jeder adäquaten Darstellung postuliert. Derrida bezweifelt die Kalkulierbarkeit dieses negativen Effekts einer Darstellung der Nichtdarstellbarkeit beziehungsweise »ihrer Unangemessenheit selbst [...] als ihrer Unangemessenheit unangemessen« (WM 158) und analysiert vielmehr die gleitenden und überbordenden Tendenzen einer begriffslosen, disseminativen und performativen Ereignishaftigkeit. Die Wahrheit der Malerei liegt hier nicht in ihrem Gegenstand, sondern erweist sich als nachträgliche Erfindung des »Anderen der Vernunft«[43] in Gestalt einer bedrohlichen Natur. In diesem Sinne kritisiert Derrida auch die traditionellen Mimesismodelle, die die Auseinandersetzung mit dem Anderen und mit seinem sozialhistorischen und institutionellen Kontext vernachlässigen.

In den beiden Analysen der Arbeiten von Adami und Titus-Carmel gibt Derrida zwei Beispiele seiner dekonstruktivistischen Arbeitsweise, die vor allem durch Hinterfragung des Verhältnisses von Original und Kopie, von Produktion und Reproduktion, von Detail und Totalität, von Autorschaft und Werkinszenierung sowie von Bildlektüre und literarischer Referenz funktioniert. Beide Künstler zeichnen sich durch ihre serielle Arbeitsweise aus[44], in der eine der textuellen Struktur analoge Prozessualität oder Nichtabschließbarkeit zum Ausdruck kommt. Skizzen, Entwürfe, Vorarbeiten oder Varianten gehören ebenso zum Werkprozess wie die Übergänge zwischen phonetischen und grafischen Zitaten. Adamis Zeichnungen stellen dabei eine besondere Herausforderung für Derrida dar, insofern sie teilweise auf sein eigenes Buch *Glas* reagieren und Motive wie den Chiasmus oder das Doublebind aufgreifen (WM 192 ff.), darüber hinaus aber voller theoriegeschichtlicher Anspielungen auf Freud, Benjamin und die theoretischen, politischen, ökonomischen, technischen Zusammenhänge des Bildprozesses sind.

In Bezug auf die immer wieder sich stellende Frage der Wahrheit im Kunstwerk stellt die Rekonstruktion der Kontroverse zwischen Heidegger und dem amerikanischen Kunsthistoriker Meyer Schapiro um die Schuh-Bilder van Goghs als Symbole einer bäuerlichen oder einer städtischen Welt den wichtigsten Beitrag dar. Bei diesem Motiv in der Malerei van Goghs handelt es sich um eine Serie von Bildern alter Schuhe, von denen Heidegger eines in seiner Schrift *Der Ursprung des Kunstwerkes* als Darstellung von Bauernschuhen gedeutet hatte, um darin die Aura einer bodenständigen Mühsal der authentischen agrikulturellen Lebenswelt zu feiern. In einem Briefwechsel mit dem Philosophen hatte Meyer Schapiro die Bildvorlage dieser Interpretation identifizieren können, um zu konstatieren, dass es sich genau bei diesem Bild um die Schuhe des Malers selbst während seines Aufenthaltes in Paris handelte. Bei diesem Widerspruch setzt Derrida an, indem er zugleich die historischen Umstände und Hintergründe der Publikation beider Deutungen untersucht, um beide Interpreten einer Besessenheit ihres Zuschreibungswahnes zu überführen, sich das Kunstwerk beziehungsweise die Schuhe eigentlich, als authentische Wahrheit des Kunstwerkes *aneignen* zu wollen (vgl. WM 307). So fragt er, welche Interessen im Spiel sind, wenn ein amerikanischer und zugleich jüdischer Kunsthistoriker sich auf eine Diskussion mit Heidegger über die Wahrheit von van Goghs Bildern von alten Schuhen und deren Eigentümer einlässt. Das gemeinsame Bemühen um die »Restitution«, also darum, das Kunstwerk wieder an seinen eigentlichen Platz zu stellen, führt nur – im wörtlichen wie im psychischen Sinne – zu einem Doublebind, das Phantome beschwört und die wechselseitig ihre Wette um die Schuhe erhöhenden Kontrahenten in die Spiegelgefechte eines impliziten »Doppelgängertums« verwickelt, um schließlich gespenstische Wiedergänger auftauchen zu lassen (vgl. WM 396, 435 ff.).[45]

Entsprechend dieser *Logik der impliziten Voraussetzung* fragt Derrida auch nach der materiellen Trägerschaft der malerischen Zeichen, den vergessenen Materialitäten der ästhetischen Kommunikation, dem Rahmen und dem Träger in der Exposition, durch die das Kunstwerk sprechend wird, oder dem *Subjektil* – so der französische Ausdruck für die Oberfläche, auf der das Bild erscheint. Ein Beispiel sind die Zeichnungen Artauds mit ihrer Verschränkung von Schriftzug und Zeichnung. Die expressive Geste Artauds, mit der dieser nicht nur figurative und skripturale Elemente ineinanderlaufen lässt, sondern auch den Akt der Einschreibung performativ im Medium als Spur einer mechanischen Gewalt bis hin zur nachträglichen Beschädigung durch Brandspuren zum Ausdruck bringt, nennt Derrida

> »die Szene des Subjektils, wenn nicht schon eine Kraft da wäre, die das zum Verschwinden bringt, was jeweils in Szene setzt: die Sichtbarkeit, das Element der Repräsentation, die Anwesenheit eines Subjekts, ja gar die eines Objekts« (SE 51).

Die nur als Spur anwesende Kraft bringt all das zum Verschwinden, was den Sinn begründet. Im Medium der Bilderschrift radikalisiert sich für Derrida damit ein Entzug semantischer Eindeutigkeit. Der Neologismus »ent-sinnen« (*forcener*) versammelt die Momente des leeren Ortes als Potenzialität, in der die marginale Rolle des materiellen Trägers von Kunstwerken in seiner konstitutiven Funktion für deren Bedeutsamkeit reflektiert wird als *»Dazwischenschaltung«* der »Energie einer Bewegung (Motion, Mobilität, Emotion)«, und zwar von »schriftförmigen Kräften« (SE 57). In seinem Vortrag zur Eröffnung der Ausstellung von Bildern und Zeichnungen Artauds im New Yorker Museum of Modern Art verfolgt Derrida diese Interpretationslinie weiter, indem er auch die Schriften Artauds miteinbezieht. Die Rekapitulation der Zeichenakte und Niederschläge wird zugleich mit Bezug zum Datum wie bei einer aufgegebenen Sendung vollzogen, um an dieser »Einmaligkeit der Referenz auf das Ereignis und den Bestimmungsort« wiederum die »Erschütterung eines einzigen Kontexts« (AM 77) zu demonstrieren.

Derrida hat seit den 1970er-Jahren eine ganze Reihe von Einzelanalysen zu Künstlern der Gegenwart publiziert, meist als Katalogbeiträge oder Interventionen bei Ausstellungen. Thematisch stehen dabei Fragen nach dem Medium der Darstellung, den Techniken der Aufzeichnung, der Verräumlichung des Wortes im Bild im Vordergrund, aber auch solche nach der Darstellung von Weiblichkeit in der abendländischen Malerei, etwa im wechselseitigen Verweis von Opus und Corpus, der schon formal zu einer ästhetischen Festschreibung des Weiblichen als Träger, »Subjektil« der Wahrheit neigt. Methodisch besteht das Dekonstruieren in einem Entdecken der Falte, des Kniffs (*pli*) im Gewebe der Sinnkonfiguration, um den Windungen und Wendungen oder – wie beim Bildbeispiel von Heideggers und Schapiros Van-Gogh-Interpretation – dem ständigen Entwirren und Wiederverknoten der bindenden Bänder von Schuhen oder Verträgen zu folgen. Die Freisetzung eines bedeutungsmäßigen Überschusses im Bild hängt dabei entscheidend von der Nichtentscheidbarkeit, von der Aussetzung eines dezisionistischen Urteils über den semantischen Stellenwert ab. Und das dekonstruierende Vorgehen impliziert natürlich eine Voraussetzung, nämlich Bilder oder Kunstwerke allgemein als Text zu lesen. Gemeint ist damit nicht eine sprachliche Übersetzung des semantischen Gehaltes, sondern eine besondere Aufmerksamkeit für die strukturalen Zeichenträger, die semiologische Faktur des Werkes, daher

> »gibt es Text, sobald die Dekonstruktion in den so genannten künstlerischen Feldern, den visuellen oder des Raumes, engagiert ist. Es gibt Text, weil es stets ein wenig Diskurs irgendwo in den visuellen Künsten gibt, und auch weil, selbst wenn es keinen Diskurs gibt, der Effekt der Verräumlichung immer schon eine Textualisierung impliziert.« (KR 15)

Derrida veranschaulicht diese These in seinem höchst aufschlussreichen Interview von 1990 über Raumkunst (*The Spatial Arts*, dt.: *Die Künste des Raumes*) anhand eines destabilisierten Körperbildes, das an eine »Erfahrung im umschweifendsten *[voyageur]* Sinne des Ausdrucks« geknüpft ist, an eine »Erfahrung von Rahmungen, Aufsprengungen [*dehiscence*] und Entstellungen« (KR 16). Aus der Betonung der Unmöglichkeit von Präsenz folgt zwangsläufig ein zeitlicher Entzug des Sichtbaren. Mit einer etwas simplifizierenden Analogie zum Bewegungsbild des Films könnte man sagen, dass wir ein Bild nur in der Weise sehen, wie es durch ein anderes Bild verdeckt, supplementiert wird. Aber genau durch diese *Überblendung* sehen wir. Weil wir den Augenblick in seiner Gegenwärtigkeit im doppelten Sinne des Wortes verfehlen, eröffnet sich uns umgekehrt die Chance des Visuellen, das heißt, dass sich etwas zeigt, im Entzug beharrt, dass uns etwas und nicht vielmehr nichts gegeben wird; denn umgekehrt gilt:

»Gegenwärtigkeit würde den Tod bedeuten. Wenn die Gegenwärtigkeit möglich wäre, im vollen Sinne eines Seins, welches da ist, wo es ist, welches sich da versammelt, wo es ist, wenn dies möglich wäre, gäbe es weder Van Gogh noch das Werk von Van Gogh, noch die Erfahrung, die wir von dem Werk von Van Gogh haben können. All diese Erfahrungen, Werke oder Signaturen sind in dem Maße möglich, wie ihre Gegenwärtigkeit es nicht vermocht hat, da zu sein und sich da zu versammeln. Oder, wenn Sie so wollen, das Dasein existiert nur von diesem sich selbst entstellenden Werk von Spuren her.« (KR 17)

In keinem Kunstbereich hat aber Derridas Textmodell eine so nachhaltige Wirkung erfahren wie in der Architektur. Die in den 1980er-Jahren entbrannte Diskussion um die postmoderne Architektur ist direkt durch den Begriff der Dekonstruktion beeinflusst worden, der selbst eine architekturale Metapher ist. Das Übersetzungsmodell der Spur folgt ja einem anderen bauwerklichen Vorbild, dem Turmbau zu Babel, und das disseminale Verzweigen des Modells spielt mit der Erfindung des mythischen Baumeisters Dädalus, dem Labyrinth, weshalb Derrida selbst den Zusammenhang in einem Gespräch auf die Formel von der »Archi/Textur« gebracht hat.[46] Eine ganze Reihe der renommiertesten Vertreter der Postmoderne-Bewegung in der Architektur hat sich emphatisch auf Derrida als Anreger bezogen und oft auch die Zusammenarbeit mit ihm gesucht, so beispielsweise Bernard Tschumi, Peter Eisenman, Zaha Hadid und Daniel Libeskind.[47] In seinem Erweiterungsbau des Berliner Museums durch das Jüdische Museum hat sich Libeskind mit seinem Konzept der »voids«, der im Gebäude gelassenen Leerstellen als Aussparungen des kontinuierlichen Baus, direkt auf die Idee der Dekonstruktion bezogen, und Derrida hat auf diese »Frage der Leere« als versiegelter Teil des

Gebäudes mit einer Rede über die damit gegebene Möglichkeit des Ortes als »Logik der chora«, der Einräumung eines (Leer-) Raumes geantwortet, wobei er auch auf die Situation Berlins als ehemals geteilte Stadt einging.[48] Die Wiederaufnahme des platonischen Begriffs der Chora als Versuch, den aufgerissenen, entbergenden Raum zu bauen und ein Konzept der Raum-Gabe zu entwickeln, bestimmt auch den Dialog mit Eisenman in »Choral Work« (PSY 499 ff.), bei dem es konkret um den Zusammenhang von Architektur und Schreiben in einer »Architektur *der Zeit*« geht und im politisch hochbrisanten Kontext des Berliner Holocaust-Mahnmals noch einmal die Frage der »Leere, Abwesenheit, Negativität« als Darstellung des Nichtdarstellbaren dieses historischen Ereignisses gestellt wird.[49]

Derridas Beschäftigung mit der zeitgenössischen, sich selbst als dekonstruktivistisch begreifenden Architektur ist beherrscht von der Idee der Absenz, der Freiräume und der räumlichen Textur. Konkret geworden ist diese Begegnung mit der Postmoderne in der dissoziativen oder disseminativen Topologie des von Tschumi gestalteten Parc de la Villette in Paris, ein Projekt, das unter dem Titel der »Folies« rangiert, ein Begriff, der wortwörtlich Verrücktheit bedeutet, aber zugleich auf die spielerische Gestaltung barocker Parkanlagen mit ihren Einrichtungen von intimen Lustorten anspielt. Derrida hat dieses wiederentdeckte disgressive Moment der Raumgestaltung einer eingehenden Lektüre unterzogen, die der etymologischen Linie von »folie« und »folio« als Papier- beziehungsweise Buchformat folgt (PSY 487)[50], um die dekonstruktiven Strategien der Architektur oder Landschaftsgestaltung einem performativen Prinzip der Schrift zu analogisieren:

> »Der Architekt schrieb mit Steinen, das war es, was er an Lithographien in ein Raumbuch [volume] einrückte – und Tschumi spricht von ihnen als Folianten.«[51]

Das Verhältnis von Raum und Gebäude wird so nach dem Modell von Buchseite und Schriftzeichen interpretiert, was die in der postmodernen Architektur deutlich werdende Konsequenz hat, dass nämlich die Statik der Bauformen dynamisiert wird und das Entwerfen im letztendlich Gebauten noch sichtbar bleiben soll. Entsprechend stellt Derrida dieselbe Frage, wie er sie auch an den Maler oder Zeichner gestellt hat:

> »Man muß dem Architekten eine Frage stellen analog zu der des Subjektils [...]. Frage des Supports oder der Substanz, des Subjekts, dessen, was darunter geworfen ist. Aber auch dessen, was sich nach vorn und voraus wirft im Projekt (Projektion, Programm, Vorschrift), all dessen, was im architekturalen Prozeß zur Bewegung des Aufwerfens oder des Aufgeworfen-Seins [...] gehört. Horizontal oder vertikal: Grundlegungen für die Aufrichtung eines Gebäudes, das sich stets dem Himmel entgegenwirft [...].« (PSY 514)[52]

Derridas Überlegungen sind auch von Heideggers Ausführungen zu »Bauen Wohnen Denken« beeinflusst, gehen aber im Sinne der textuellen Lesbarkeitsmodelle über die dortige ontologische Begründung hinaus und beziehen neben dem institutionellen Kontext auch städteplanerische Aspekte des urbanen Raums mit ein.[53]

Ästhetik des Blinden: Memoiren des Blicks

Die von Jacques Derrida 1990 unter dem Titel *Aufzeichnungen eines Blinden. Das Selbstporträt und andere Ruinen (Mémoires d'aveugle. L'autoportrait et autres ruines*) für den Louvre zusammengestellte Ausstellung eröffnet einen neuen Raum. Sie tut dies in einem übertragenen, typologischen Sinne, aber auch in einem ganz buchstäblichen, indem sie in die horizontale Darstellungsweise des größten Pariser Museums eine vertikale Dimension einführt: Das als Titel dienende und damit eine Art von *Recht auf Einsicht* gewährende Thema soll – wie ein Ariadnefaden – einen Weg in die unermesslichen und allein schon aus raumökonomischen Gründen dem Publikum unzugänglichen, verborgenen Archive des Museums bahnen. Die unter diesem Gesichtspunkt getroffene Auswahl von Zeichnungen aus den Sammlungen des Louvre wurde dann in einer Sonderausstellung dem Publikum präsentiert.

Angesichts dieser Aufgabe spielt der von Derrida gewählte Titel *Mémoires d'aveugle* – der so viel bedeutet wie »Blinden-Memoiren« im Sinne von blinden Aufzeichnungen (auch über die Erinnerung an eine Blendung) – natürlich nicht zuletzt auf die Situation der Ausstellung selbst an, bei der verborgene Schätze aus dem Dunkel der Archive ans Tageslicht geholt wurden. Aber die Bedeutung reicht weiter und spielt mit dem französischen Begriff »mémoires« auf ein Potenzial von Vieldeutigkeit zwischen Gedächtnis, Erinnerung, Dokument/Bericht, Memorandum, Akte bis hin zur Autobiografie an, die Derrida bereits in seinem Text über Paul de Man (vgl. MEM 137 ff.) evoziert hat. Der Begriff zielt aber auch auf die Hinterfragung des ästhetischen Mediums selbst ab, der Zeichnung oder Malerei überhaupt als Träger beziehungsweise Garant einer Sichtbarkeit des Gegenstandes. Im etymologischen Sinne bedeutet »aisthesis« ja sinnliche Präsenz, Wahrnehmung durch die Sinne, wobei die Frage noch unentschieden bleibt, an welchen der Sinne sich die Botschaft dieser Wahrheit richtet. Genau diese Unentschiedenheit greift Derrida auf, wenn er die vor allem seit der Renaissance dominierende ästhetische Privilegierung des Auges und mit Einführung der Zentralperspektive die »monokulare Sicht der Dinge« (AB 9) infrage stellt. Die naiv anmutende Frage danach, was Sehen überhaupt sei, ob die

Kunst Zeugnis über ein vom Künstler Gesehenes ablegt oder ob das Malen immer unterhalb einer Schwelle des Sehens bleibe, diese schwindelerregende Hinterfragung der Bedingung der Möglichkeit von Sichtbarkeit selbst betrifft in erster Linie das Medium des Erscheinens, das Zeichen oder Mal in seiner auf der Leinwand oder dem Karton erscheinenden Materialität. Derrida führt auf diese Weise viele frühere Motive, die schon die *Wahrheit in der Malerei* beherrschten, weiter, zum Beispiel die Erfahrung der Blindheit bei Blanchot oder die Rolle der Hand beim schreibenden oder zeichnenden Herstellungsprozess.

Die Betonung des Mediums, das nicht einfach nur eine ursprüngliche Sehweise transportiert oder restituiert, sondern – mit dem Titel eines anderen Textes von Derrida gesprochen – das »Recht auf Einsicht«, auf ein Sehen als Sehen allererst verleiht, berührt ein altes metaphysisches Vorurteil gegen den mechanischen, handwerklichen Aspekt künstlerischer Arbeit. Demgegenüber wird der Künstler in die gottähnliche Schöpferposition kraft einer Vorstellung ästhetischer Inspiration als rein geistige, eidetische Schau gehoben. Angesichts dieser modernen Tradition künstlerischer Kreativität ermisst sich die Provokation schon von Derridas erster Hypothese, die den Herstellungsprozess der Zeichnung mit Blindheit in Verbindung bringt. Er spricht von einer »ab-okularen Hypothese« (AB 10), da sich für ihn der Zeichenakt »ohne Augen« vollzieht. Blindheit wird damit von Anfang an als Allegorie eingeführt, die für Kontroll- und Selbstverlust sowie für die Unmöglichkeit der Aneignung steht. Dass nicht mehr die Augen das Zentrum sind, heißt die Hand in ihre Rechte der Arbeit wiedereinsetzen – und damit den Körper überhaupt als greifende und begreifende Instanz. Diese Betonung der hervorbringenden Hand bedeutet zugleich, dass das Kunstwerk nichts zu tun hat mit einer »realistischen« Wirklichkeit des Dargestellten, dass es kein Abbild im naiven Sinne von Reproduktion ist, sondern Produktion bis hin zur Erfindung, zur Ein-Bildung. Malerei und Zeichnung verdanken sich gewissermaßen einem *Absehen* von den Gegenständen, einem Ab- oder Ausblenden, das im Herzen des künstlerischen Sehens gerade ein Nichtsehen, eine gewissermaßen transzendentale Blindheit entdeckt.

Diese gewisse Blindheit im Verhältnis des Künstlers zu seinem Darstellungsmedium, dem er sich gerade blind anvertrauen muss, um Sichtbarkeiten zu produzieren, radikalisiert Derrida in drei Schritten. Beim ersten Aspekt, der »Aperspektive des graphischen Akts« (AB 49), geht es um das blinde Ziehen des Striches beziehungsweise darum, dass die Arbeit der Sichtbarmachung als aktive Bahnung der Spur irreduzibel unsichtbar bleibt. Der zweite Aspekt vertieft diese Erfahrung in Bezug auf den gezogenen Strich, dem Zug als Kontur oder Grenze. Auch hier konstatiert Derrida einen »Entzug«, denn etwas »Gezogenes, eine Umrißlinie wird nicht gesehen« (AB 57). Und mit diesem Entzug kommt der dritte Aspekt ins Spiel, der die »Rhetorik des Strichs oder Zugs« (AB 59) betrifft, insofern nämlich an dieser Stelle sich der Diskurs, das Sprechen über Sehen und Reden über Bilder ansiedelt. Alles, was davor liegt, bezieht sich also auf das Gedächtnis eines blinden Flecks der Sichtbarkeit, das sich erst nachträglich in der Zeichnung, der Aufzeichnung beziehungsweise im Aufriss, mit dem füllt, woran es erinnert. Das Sichtbarmachen der Kunst ist somit zugleich *Anamnese* eines Unsichtbaren und dessen *Amnesie*, um die eigene Blindheit zu vergessen und durch ein Sehen zu supplementieren.

In diesem Zusammenhang bezieht sich Derrida auf den klassischen Ursprungsmythos der Malerei, die Fixierung der Zeichnung als Schattenriss der Dinge, als Skiagrafie. Die seit Plinius zirkulierende Geschichte von Dibutades, der Tochter eines korinthischen Töpfers, führt ihren Ursprung auf den

Wunsch zurück, den Schatten des in die Ferne ziehenden Geliebten auf der Wand festzuhalten. Der gleiche Zug, der den geliebten Zügen Dauer verleihen soll, leitet aber schon ihren Entzug ein, eine Verzeitlichung, deren gleichzeitige Verräumlichung sich nicht allein auf die zweidimensionale Perspektivität des Optischen beschränkt, sondern die taktile Raumerfahrung des Plastischen miteinbezieht. Für Derrida bietet sich hier ein ideales Beispiel für die Dekonstruktion des ästhetischen Präsenzeffekts. In Fortsetzung von Freuds ursprünglicher Einsicht in die Mehrschichtigkeit des psychischen Apparates (»Bewußtsein und Gedächtnis schließen sich nämlich aus«[54]) zeigt er, wie der Akt der memorialen Auf-Zeichnung mit einer Blindheit beziehungsweise einem Nichtsehen, einer Unsichtbarkeit einhergeht:

> »Dibutades sieht ihren Geliebten nicht, sei es, daß sie ihm den Rücken zukehrt oder daß ihre Blicke sich unmöglich treffen können [...]. So als dürfte man, um zu zeichnen, nicht sehen, so als könnte man nur unter der Bedingung zeichnen, daß man nicht sieht, so als wäre die Zeichnung eine Liebeserklärung an die Unsichtbarkeit des anderen, wenn sie sich nicht überhaupt der Tatsache verdankt, den anderen dem Sehen entzogen zu sehen.« (AB 53 f.)

Bewahrt wird keine authentische Unmittelbarkeit der Sache selbst, sondern die Medialität des Aktes der Aufzeichnung in seiner *nachträglichen* Entstehung. Im Moment des Ab-Bildens schlägt Wahrnehmung schon in Erinnerung um, Sehen in Aufzeichnen, wie schon im französischen Wort *regarder* (»sehen«) etymologisch deutlich wird: *re-garder*, »zurück-/auf-bewahren«. Der Künstler muss sozusagen vom direkten Sehen absehen, um sichtbar zu machen, und dennoch hat dieses Absehen, dieses Ab- und Ausblenden des Gegenstandes oder

Originals beziehungsweise das Zeichnen als Erfinden nichts zu tun mit Fiktion oder Täuschung. Der Entzug des Sujets im Ursprung des Kunstwerkes ist nicht seine Destruktion, das Supplement ist kein authentisches Substitut einer ursprünglichen Präsenz. Derrida hat diese Doppeldeutigkeit der ästhetischen Zu- als Abwendung bereits in der *Grammatologie* anhand von Rousseaus Essay zum Ursprung der Sprache herausgestellt. Der im Neologismus »différance« benannte, in der Differenz zwischen Ursprung und Supplement sich vollziehende Aufschub des zeichnerischen Mals rekurriert auf keine platonische Zweiweltentheorie, konstatiert keine (im Sinne von Ähnlichkeit, Reproduktion oder Restitution der Wahrheit) entscheidbare Differenz zwischen für sich bestehenden Entitäten von Modell und Bild. Vielmehr markiert diese den Unterschied, den Abstand beziehungsweise noch genauer das Intervall zwischen Selbst und Anderem, indem sie die Identität auf- und verschiebt, und zwar auch als unmittelbar sich ablösende Hinterlassenschaft des Körpers in der Berührung durch die Hand. Schon Rousseau spielt auf Dibutades als Erfinderin der Zeichnung an, was Derrida in eine Semiologie der Malerei übersetzt:

> »Im Unterschied zum gesprochenen oder geschriebenen Zeichen trennt sie sich nicht vom begehrten Körper dessen, der umreißt, oder vom unmittelbar wahrgenommenen Bild des anderen. Zweifellos ist auch das ein Bild, was da am Ende des Stäbchens sich abzeichnet; aber ein Bild, das sich selbst noch nicht ganz von dem, was es repräsentiert, getrennt hat; das von der Zeichnung Gezeichnete ist beinahe präsent, leibhaftig, in seinem Schatten, der Abstand des Schattens oder des Stäbchens ist beinahe nichts. Diejenige, die umreißt, das Stäbchen jetzt in den Händen hält, berührt beinahe, was beinahe der andere selbst ist, bis auf die winzige Differenz; diese kleine Differenz – die Sichtbarkeit, die Ver-

räumlichung, der Tod – ist zweifellos der Ursprung des Zeichens, der Abbruch der Unmittelbarkeit; aber gerade in ihrer äußersten Reduzierung zeichnen sich die Konturen der Bedeutung ab.« (GR 403)

Diese Grenze der winzigen Differenz, die Derrida im Wortspiel des »beinahe« zu verdeutlichen sucht, ist gleichsam markiert durch die *Haut der Berührung*, die wie das doppeldeutige *Hymen* bei Mallarmé zugleich vereinigt und trennt. So ist das Bild immer Re-Präsentation, ist Entzug im Supplement, das die Stelle des abwesenden Gegenstandes allererst markiert, aber als Ort eines »Leichnams« – wie der französische Kunsthistoriker Louis Marin in seinem letzten Buch *Von den Mächten des Bildes* schreibt –, um in der »Auferstehung« als »ontologischer Verklärung des Leibs« die Trauerarbeit als »Urform der Repräsentation als Effekt« zu beschreiben.[55] So wie Freud den Begriff der Trauerarbeit ursprünglich eingeführt hat, nämlich als Ablösung von einem geliebten, aber verlorenen Körper (statt der pathologischen Identifizierung mit ihm wie in der Melancholie), geht es beim Aufzeichnen nicht einfach um das, was man sieht oder gesehen hat, sondern um das, was man erinnernd zu sehen glaubt, was das Bild als Verweisung, als Zeichen *zeigt*.

Derrida hat nach dem Tod des Freundes Marin diesem einen Nachruf gewidmet, der mit dem Titel »Kraft der Trauer« überschrieben ist und viele Motive des Buches *Von den Mächten des Bildes* aufnimmt, beispielsweise das einer Ermächtigung des Abbildenden einerseits durch Abrücken vom objektiv Abgebildeten und andererseits durch Überwinden des subjektiven Anspruchs auf absolute Darstellung. Insbesondere beherrscht der Begriff der Trauerarbeit den Text im doppelten Sinne des Abschieds vom Gestorbenen, aber auch als ästhetisches Verfahren, das in der Trauer um das sich Entziehende, auch der

Sichtbarkeit sich Entziehende eine Kraft der Darstellung erreicht, die »mehr sehend als sichtbar« macht.[56]

Blindheit erweist sich so auch als Schutz, vergleichbar dem apotropäischen Schutzschild des Perseus, das ihn vor dem versteinernden Blick der Medusa bewahrt, indem es diesen als »Indirektheit des Blicks« (AB 80) im Spiegelbild bricht. Und sie erweist sich als Panzerung, die im Französischen nicht von ungefähr *blindage* heißt, abgeleitet von dem Verb *blinder*, das mit dem deutschen Wort »blenden« die Konnotation des Verkleidens (mit einem schützenden Material, vgl. Blende oder Verblendung) und Bedeckens einer gefährdeten Blöße teilt. Immer wieder geht es um ein Sehen, das im Sinne der transzendentalen Blindheit des Malers zugleich ein Nichtsehen ist, auch weil – wie Derrida in Fortsetzung des Gedankens der Trauer spekuliert – das Weinen, der den Blick trübende Schleier der Tränen, zur Offenbarungskraft des Auges gehört:

> »Im Grunde genommen, seinem inneren Wesen nach, wäre das Auge nicht dazu bestimmt zu schauen, sondern zu weinen. Im Augenblick selbst, wo sie die Sicht trüben, entschleiern die Tränen das Eigentliche des Auges. Das, was sie aus dem Vergessen hervorquellen lassen, in dem es der Blick zurückbehält, wäre nichts geringeres als die *aletheia*, die *Wahrheit* der Augen, deren höchste Bestimmung sie so offenbaren: das heißt eher das Anflehende als die Vision im Auge zu haben, eher das Gebet, die Liebe, die Freude, die Traurigkeit als den Blick zu adressieren.« (AB 122)

Es geht Derrida jedoch auch nicht darum, die Augen vor dem Sichtbaren zu verschließen, um einer Art übernatürlichem Licht die Tore zu öffnen, sondern um ein Sehen der Grenze des Sehens als gleichsam übergreifendes, *transitorisches* oder *passageres*, das heißt eine Grenze passierendes Begreifen des Unsichtbaren. Schon in seiner frühen Platon-Lektüre betont Derrida daher das Motiv des Blinden und seiner Verabsolutierung im Tod als Deckfigur einer ursprünglichen Wahrheit, die nur in der Weise der Passiertheit, im räumlichen Sinne von Überwundenheit und im zeitlichen von Vergangenheit, gedacht werden kann: »Die absolute Unsichtbarkeit des Ursprungs des Sichtbaren« ist zugleich Möglichkeit *und* Unmöglichkeit der Wahrheit.

> »Das Verschwinden der Wahrheit als Anwesenheit, der Entzug des anwesenden Ursprungs der Anwesenheit ist Bedingung jeder (Bekundung von) Wahrheit. [...] Die *différance* [...] ist *zugleich* die Bedingung der Möglichkeit und die Bedingung der Unmöglichkeit der Wahrheit.« (DIS 186 f.)

Unter dem Titel *Aufzeichnungen eines Blinden* kommt also als Thematik des Sehens, des Visuellen sowie seiner künstlerischen Implementierungen die implizite Wahrheit zum Ausdruck, dass alle Sinnproduktionen *Aufzeichnungen eines Blinden* sind: Umschreibungen (Zirkum- und Transkriptionen) eines blinden Flecks, eines *punctum caecum.* Derrida bezieht sich hierbei vor allem auf die wichtigen Vorarbeiten des französischen Phänomenologen Maurice Merleau-Ponty, der in der rhetorischen Figur des Chiasmus eine Erklärung des intimen Verhältnisses von Sehen und Fühlen erkannte, die sich nicht voneinander trennen lassen, weil der Blick immer auch ein Tasten ist.[57]

Das Umschlagen des Sehens in ein blindes Tasten, und umgekehrt des Tastens in begreifendes Sehen, erinnert nicht nur an die innige Verflochtenheit beider Sinne, sondern auch an jene mediale Brechung der Inkarnation des Blicks, die Merleau-Ponty als »Einkörperung des Sehenden in das Sichtbare, Suche nach sich selbst im Sichtbaren, dem es ZUGEHÖRT«, beschreibt: Der im Rausch, der *Faszination* des Sehens als »Habhaftwerden auf Entfernung« lebende Maler vergisst, dass er als Sehender erst »in den Dingen geboren wird wie durch eine Konzentration und ein Zu-sich-Kommen des Sichtbaren«.[58] Schon Merleau-Ponty erinnert also daran, dass die »Spuren der *absoluten* Unsichtbarkeit« (AB 56) auf keine ursprüngliche Ganzheit des Bildes rekurrieren, sondern vielmehr auch beim *Selbstporträt* eine reflexive Verausgabung, eine *Ruine* darstellen, oder anders ausgedrückt: Das porträtierte Selbst entsteht erst in der Nachträglichkeit seiner Aufzeichnung, die damit immer schon ein dem Sehen zugrunde liegendes Berühren ist. »Es gleicht einer Ruine, die nicht *nach* dem Werk kommt, sondern *von Anfang an* vom Werk produziert wird, von der Struktur und der Ankunft des Werks.« (AB 68) Alles dagegen, was sich an Werkherrschaft mit dem erhabenen Gestus einer souveränen Autorschaft im Medium der Malerei etabliert, verdankt sich dem nachträglichen, gleichsam übercodierenden Zug der Signatur als Aneignung. Und so leistet Derrida mit seinen *Aufzeichnungen eines Blinden* seinen Beitrag zum *Tod des Autors* in der Malerei, indem er auf der Unterscheidung zwischen dem »Signierenden« und dem »Sujet« des Selbstporträts insistiert:

> »Ob es sich um die Identität des vom Zeichner gezeichneten Objekts oder um die des gezeichneten Zeichners selber handelt, mag letzterer der Autor der Zeichnung sein oder nicht, die Identifizierung bleibt eine wahrscheinliche, d. h. unsichere und jeder inneren Lektüre entzogene, sie bleibt ein Gegenstand der Schlußfolgerung und nicht der Wahrnehmung, der Kultur und nicht der unmittelbaren oder natürlichen Anschauung [...].« (AB 67)

Vom Grundgestus her versucht Derrida, mit dieser Künstler-eitelkeit zu brechen und in einem nichtdialektischen Sinne die Negation zu denken: In einem Wortspiel seiner Argumentation für das Parergon in *Die Wahrheit in der Malerei* nimmt er die Homophonie des französischen Begriffs *sens* zum Anlass, die Bedeutung von »Sinn« oder »Richtung« im Echo eines »ohne« (frz. *sans*) widerhallen zu lassen, das an den Einschnitt in die Geschlossenheit der Repräsentation gemahnen soll. (Vgl. WM 105) Dieser Entzug sinnlicher Präsenz richtet sich nicht gegen das Sehen, vielmehr geht es um ein anderes Sehen, vielleicht um ein Sehen *ohne* Augen, und die Intensitäten dieses Empfindens sowie seine Demaskierungen des Blicks. Derrida erinnert in seinen *Mémoires* an die Schutzlosigkeit und Nacktheit der Blinden, aber auch vor den Blinden, eine Scham, die noch in die Grenze der skopischen, das heißt durch die Blickrichtungen geordneten Hierarchien zwingt.

Ethik der Wiedergabe und Politik der Verantwortung

Apokalypse der medialen Artefaktualitäten

Derrida hat niemals von sich behauptet, ein Medientheoretiker zu sein, und er hat auch keine explizite Medientheorie entwickelt, und dennoch ist das Thema allgegenwärtig. Technologien der Aufzeichnung und Übertragung von Informationen beziehungsweise Datenverarbeitung in Gedächtnisarchiven und Kommunikationskanälen gehören zur Grundfrage einer *Grammatologie*, die eine Betrachtung der *Sprache als Medium* eröffnet. Das Besondere der Schrift ist dabei ihr produktiver, Spuren bahnender oder aufschiebender Charakter, der sie als Medium nicht auf die instrumentelle Umsetzung von Sinn und Bedeutung in repräsentativen Zeichen reduziert, sondern im supplementierenden Signifikanten die immanente technologische Voraussetzung für Signifikate und das heißt für Bedeutungen markiert. Schrift ist für Derrida kein neutrales Medium der Wiedergabe von Wahrheit, sie ist vielmehr ein aktives System der Hervorbringung von Wahrheits*effekten*. Auf die bekannte Mediendefinition »The medium is the message« von Marshall McLuhan übertragen bedeutet dies, dass der Kanal die Botschaft nicht einfach überträgt, als technisches Apriori verändert oder usurpiert er vielmehr ihre Bedeutung, wenn er sie nicht gar generiert.

Wenn mit dem Schriftbegriff also der Gesichtspunkt einer Materialität der Zeichen in den Vordergrund tritt, der als Kritik an der logozentrischen Geist-Orientierung der Stimme begründet wird, so heißt das mitnichten, dass Derrida mit dieser Materialität einer Daten verarbeitenden Trägerschicht nur auf Fragen der Buchkultur im Sinne einer Gutenberg-Galaxis eingeht. Der schon in der *Grammatologie* betonte Begriff einer generalisierten Schrift meint explizit die Befreiung der Repräsentation textueller *und* piktoraler, akustischer, elektromagnetischer, optischer oder telematischer Zeichenbeziehungen vom Monopol des phonozentrischen Signifikanten. Die Spuren, die Derrida im psychischen Apparat sichert, sind neuronale Bahnungen von Reizen, die aber schon bei Freud zum Beispiel im berühmten Modell des »Wunderblocks« mit medialen Metaphern der Aufzeichnung durch Einschreib-oberflächen und Wachsschichten beschrieben werden. Und wenn es um die »letter« in Poes Erzählung *The Purloined Letter* geht, so erinnert Derrida immer wieder daran, dass man es bei der Doppeldeutigkeit von *Buchstabe* und *Brief* mit einem postalischen System der Sendung zu tun hat.

Festzuhalten ist, dass Derridas Medienverständnis bei aller Orientierung an Schrift und Text jenseits der linearen alphabetischen Ordnung angesiedelt ist und damit auch jenseits des Endes des Buches. Und wenn man sagt, dass sein Schriftbegriff metaphorisch gemeint ist, dann heißt dies nicht, dass er andere Darstellungsformen wie Fotografie, Kinematografie, Choreografie oder das kybernetische Programm einer Maschinenschrift (vgl. GR 21, 154 f.) in Analogie zum Buchstaben versteht, sondern dass er in ihnen eine ursprüngliche Kraft des Übertragens und Vernetzens entfesseln möchte. Nicht von ungefähr ist Derrida daher auch von den Theoretikern des *Hypertextes* beziehungsweise der *Hypermedien* als Vordenker und Pionier (man denke an die Schreibexperimente in *Glas*) einer Aufhebung der *Linearität* im Schriftprinzip und einer Arbitrarität des Unterschieds von Bild-, Ton- und Textverarbeitung gewürdigt worden.[59] Zu erwähnen wäre darüber hinaus, dass Derrida auch medialen Auftritten gegenüber nicht abgeneigt war: So zeichnete er zum Beispiel 1987 seinen kleinen Dialog *Feu la cendre* (dt.: *Feuer und Asche*) zusammen mit der Schauspielerin Carole Bouquet als Audiokassette auf; und schon 1982 hatte er in dem Film *Ghost Dance* von Ken McMullen einen Auftritt mit Pascale Ogier, der er einen Vortrag über die Macht der Gespenster in den modernen Bildtechnologien und Telekommunikationen hält, bevor Safaa Fathy 1999 den ersten Film über ihn und mit ihm drehte (*D'ailleurs, Derrida*[60]), gefolgt von dem eher populären Film *Derrida* von Amy Kofman aus dem Jahre 2002.

Grundprinzip aller Medien bleibt aber für Derrida ihre Schriftlichkeit im Sinne der grammatologischen »Urspur«. Selbst das Telefon, für viele Vertreter einer medialen Oralität das Paradigma einer reinen Extension der Stimme, wird über die technische Funktion von Relais und Schaltung als Supplementarität einer akustischen Spur von Schwingungen, Stimmungen beziehungsweise als telefonische Verräumlichung (vgl. UG 65) interpretiert, wobei das Grammofon schon in der Doppelung des Begriffs (aus griechisch *gramma* und *phone*) die »gesprochene und geschriebene Markierung« (UG 58) zugleich aufzeichnet und miteinander verbindet:

> »Sie [die Grammophonie] reproduziert sie [die lebendigste Stimme] a priori, in Abwesenheit jeder intentionalen Anwesenheit des oder der Bejahenden. Solche Grammophonie antwortet sicher dem Traum einer Reproduktion, die als ihre Wahrheit das lebendige *ja* bewahrt, in seiner mündlichsten Stimme archiviert.« (UG 70)

Mit dieser Deutung, die zugleich ein telematisches »Begehren nach Erinnerung« (UG 70) diagnostiziert, kommt ein weiterer Aspekt von Derridas Medienverständnis zum Ausdruck, der bewusst einen kritischen Abstand zur sozialen beziehungsweise politischen Funktion von Medientechnik wahrt, um einer im traditionellen Sinne ideologiekritischen Hinterfragung

Raum zu geben. Für wie wichtig Derrida die Beschäftigung mit der Legitimität von Medien als Aufklärung auch für den pädagogischen Bereich erachtet, zeigen seine Pläne für ein Curriculum an dem von ihm mitbegründeten *Collège International de Philosophie*, in denen er die Relevanz der drei Forschungsfelder »Modalitäten der Archivierung«, »Massenmedien« und »Informatik, Telematik, Robotik, Biotechnologie«[61] betont. Was gezeigt werden soll, ist die Nicht-Unschuldigkeit des Traumes von der Reproduktion, dem jener von der Archivierung allen Wissens als Überwindung der Zeit und der von der telematischen Überwindung des Raums entsprechen. In diesem Sinne unterstreicht auch Derrida in seiner Dekonstruktion der medialen Gedächtnisapparate die Verbindung zwischen dem »denkenden« und dem »technischen Gedächtnis« sowie der »räumlichen Archivierung, der Exteriorität der Zeichen« (MEM 120), um mit dem in *Mémoires* gewürdigten Paul de Man gegen die in Heidegger fortlebende Metaphysik darauf zu insistieren, dass der »Bezug des *Gedächtnisses* auf die Technik, auf das Künstliche, auf die Schrift, auf das Zeichen usw.« (MEM 147) dem Archivieren inhärent ist.

Es gibt keine objektive oder neutrale Reproduktion, wie Derrida im Wortspiel mit dem sogenannten »mal d'archive« demonstriert, ein dem Ausdruck »mal de pays« (Heimweh) nachgebildeter Neologismus, der auch in der wörtlichen Übersetzung durch die deutsche Prägung Archiv-Übel seine Ambivalenz zwischen Negativität und Schwindel – durchaus im Sinne eines Taumels, ausgelöst durch den Abgrund einer *mise-en-abyme* – behält. Denn das Üble am Archiv und zugleich Übelkeit Erregende ist, dass es das Material wie in einen Strudel in sich hineinzieht und vergessen lässt, dass es nicht ursprünglich Gegebenes wiedergibt, sondern als Ereignis der Erinnerung hervorbringt. Es findet das gleiche differenzielle Umschlagen statt wie beim Begriff der Apokalypse, die jede

Enthüllung zugleich als Aufhebung, Löschung, Vergessen erweist. Das Archiv *hat statt* (»a lieu«, wie Derrida, mit den französischen Begriffen spielend, formuliert) *anstelle* (»au lieu«) des Archivierten, dessen Inhalt gerade nicht gespeichert wird:

> »Nein, die technische Struktur des *archivierenden* Archivs bestimmt auch die Struktur des *archivierbaren* Inhalts schon in seiner Entstehung und in seiner Beziehung zur Zukunft. Die Archivierung bringt das Ereignis in gleichem Maße hervor, wie es sie aufzeichnet. Das ist auch unsere politische Erfahrung mit den sogenannten Informationsmedien.« (AR 35)

Gleiches gilt für die Authentizität der Information in dem Maße, wie sich in ihr die Wahrung der ursprünglichen Intention des Absenders einer Botschaft für die Aneignung durch den Empfänger aussprechen soll. Derrida gab schon in »Signatur Ereignis Kontext« zu bedenken, dass der Übertragungskanal aller Sendungen postalischer, literarischer oder telematischer Art kein neutrales Medium ist, sondern sich der wesentlichen Führungslosigkeit der Schrift in Abwesenheit von Absender und Empfänger bemächtigt. In seinen Interviews Mitte der 1990er-Jahre zu den aktuellen Informationsmedien wird Derridas Tonfall schärfer, und er fordert gegen das Vergessen dieses, technisch gesprochen, *Rauschens* des Kanals eine Art von Widerstandsanalyse »einer wachsamen Gegeninterpretation« (EC 14), die sich insbesondere gegen alle Illusionen der Echtzeitübertragung richtet: den »Götzen der ›unmittelbaren‹, ›direkten‹ Präsenz« (EC 15). Zwei Topoi sind es vor allem, die Derrida kritisch gegen die Verleugnung der Zeit als Aufschub und das Mediale als Vermittelndes ins Feld führt: die »Artefaktualität« und die »Aktuvirtualität«. Der erstere Neologismus ist zusammengesetzt aus »Artefakt« – um die Künstlichkeit des medialen Produktes zu betonen – und aus »Aktualität« (wobei der französische Plural *actualités* auch »Nachrichten« bedeutet), um zum Ausdruck zu bringen, dass Information »nicht gegeben, sondern von zahllosen künstlichen oder artifiziellen, hierarchisierenden oder selektiven Dispositiven aktiv erzeugt, gesiebt, mit Bedeutung geladen und performativ gedeutet wird« (EC 13):

> »Die Wortkreuzung ›Artefaktualität‹ soll zunächst bedeuten, daß es *Aktualität* [...] nur in dem Maße gibt, wie ein Ensemble technischer und politischer Dispositive zusammentrifft, um gleichsam aus einer unbegrenzten Masse von Ereignissen diejenigen ›Tatsachen‹ gewissermaßen auszuwählen, die die Aktualität ausmachen sollen: das, was man unter diesen Umständen ›die Fakten‹ nennt, aus denen sich die ›Informationen‹ speisen.« (EC 56)[62]

Dieser Vorbehalt gegen einen nur auf das Tagesgeschehen reduzierten *Jour*nalismus trifft auch auf den zweiten Gesichtspunkt zu, der sich mit der Prägung des Aktuellen durch die Virtualität (des virtuellen Bildes, Raumes oder Ereignisses), also der digitalen Berechenbarkeit einer Virtual Reality beschäftigt, der Derrida seinen Ansatz der Dekonstruktion als »Denken der Singularität« (EC 16), der »Einzigartigkeit des Ereignisses« (EC 21), das heißt der Irreduzibilität, Unberechenbarkeit und Unverfügbarkeit entgegensetzt. Auf diese Weise erhält die gegenüber der Metaphysik der Präsenz geübte Kritik eine aktuelle Brisanz, eine medienpolitische »Dringlichkeit« (EC 21), die das temporalontologische Paradigma der »différance« zu einem strategischen Argument gegen den »Unmittelbarkeitseffekt« und die »Eingriffsmodalitäten« der zum Beispiel die Kameraposition, die Bildeinstellung, den Schnitt und die Rahmung prädeterminierenden Medienmachtdispositive werden lässt (vgl. EC 52). Derrida steigert sich in seinem Misstrauen gegen den »Imperativ des Marktes« (EC 57) zu einer polemischen Verurteilung des kapitalistischen Warentypus, die eine Affinität zur Kritischen Theorie deutlich werden lässt. Im Unterschied jedoch zu Adornos Medienschelte verzichtet er auf das Moment des ubiquitär unterstellten Trugs. Derrida stellt die Frage nach der Glaubwürdigkeit der Botschaften anders, nämlich vor dem Hintergrund einer markierten Differenz zwischen der *Beweiskraft* des Datenmaterials und dem *Zeugnis*, das ihm gegenüber abgelegt wird.

Derrida kann sich bei seiner Analyse auf ein spektakuläres Beispiel beziehen, nämlich den Fall von Rodney King, bei dem der Übergriff weißer Polizisten auf einen Schwarzen 1991 in Los Angeles per Zufall von einem Zeugen durch eine Videokamera festgehalten wurde. Weit entfernt von der Vermutung eines objektiven medialen Beweismittels, wurden die Aufnahmen bei der Gerichtsverhandlung so präsentiert, dass sie die Unschuld beziehungsweise das Verteidigungsrecht der Polizisten bewiesen. Derrida kommentiert dies mit einer strengen Unterscheidung zwischen *Zeugnis* und *Beweis* beziehungsweise mit einer Differenzierung zwischen dem medial reproduzierten materiellen Belegstück oder *Indiz* und dem Verfahren des Ablegens einer *Zeugenschaft*. Fotografie, Film und Video bieten als visuelle Aufzeichnungsmedien ein »interpretierbares Beweisstück« (EC 108), bezeugen aber »heißt immer sprechen, einen Diskurs führen, übernehmen, unterzeichnen« (EC 111). Derrida warnt vor der Verwechslung beider Ebenen, denn das technische Archiv verbleibt allein

> »in der theoretischen Ordnung des Beweises, muß aber dem Element der Glaubwürdigkeit, der Aufrichtigkeit oder der Glaubensüberzeugung, wie sie in der Verpflichtung des Zeugen enthalten sind, äußerlich bleiben« (EC 110).

Diese Heterogenität des Zeugnisses gegenüber dem Beweis hat aber auch den Grund, dass es sich nicht auf eine gewesene Gegenwart beziehen kann, sondern diese als zukünftige in seinem Versprechen, die Wahrheit zu sagen, einlöst. Dies zu klären ist vor allem Derridas Anliegen seiner Relektüre von Roland Barthes' Buch über die Fotografie, *Die helle Kammer*, in dem dieser sich stark macht für eine wirklich gewesene Anwesenheit des Gegenstandes oder Referenten des Fotos vor der Kamera. Barthes versucht, so Derrida, »den Beweis auf die Seite des Zeugnisses zu ziehen« (EC 114), und übersieht die Möglichkeit der künstlichen Konstruktion des als »punctum« beschriebenen Effekts der Einmaligkeit. Andererseits differenziert Derrida schon in seinem Text zum Tode Barthes', dass der Referent »sich nicht auf eine Anwesenheit und nicht auf ein Reales, sondern in anderer Weise auf den Anderen« (TRB 27) bezieht. Dieser Bezug – wie Derrida sagen würde – ohne Bezug öffnet die Referenz für Anderes in einer der Fotografie eigenen Weise, »die den Tod und den Referenten in einem System miteinander verbindet« (TRB 34). Derrida nimmt dabei Barthes' eigenen Gedanken auf, dass das fotografische Anhalten der Zeit uns auf unseren Porträts schon mit dem eigenen Tod konfrontiere. Die Archivierung des Referenten lässt diesen also auf gespenstische Weise als Toten wiederkehren, ein spukhafter Effekt, den Derrida als »Logik des Gespensts« (EC 133) überhaupt für Medien reklamiert. Zugleich weist er aber darauf hin, dass das französische Wort für Gespenst, *spectre*, ein Anagramm von Respekt (*respect*) ist, das Gespenstische der Medien uns also »Respekt für die Andersheit des anderen« (EC 138) lehren soll; und diesen Effekt erkennt er in Barthes' »punctum« und dessen Virtualität oder »Kraft«, zum »substitutiven Vermögen« der letzten Instanz zu werden, der »Zeit« als »Ersetzung des Unersetzlichen« (TRB 40, 44) – was auch wieder eine Definition für »Trauerarbeit« ist.

Roland Barthes gab sicherlich den Ausschlag für Derrida, sich über die wenigen Anmerkungen zu Benjamin in der *Wahrheit in der Malerei* hinaus mit der Fotografie zu beschäftigen. Eine besondere Stellung nimmt hier der Text *Lektüre von »Recht auf Einsicht«* von 1985 ein. Diese Publikation kombiniert einen Fotoroman von Marie-Françoise Plissart, der ohne jede Hilfe von Worten auskommt und nur durch Bilder erzählt, mit einem Text von Derrida. Es geht darum, die neue Art von »Volumen« in diesem »Buch ohne Worte und Äußerungen« auszuloten, also die Ordnung von »Reversibilität, Irreversibilität, Diachronie und Gleichzeitigkeit« (RE X, XXI) rein aus den technischen Möglichkeiten des Mediums zu erklären. Dabei kommen nicht nur die typische Binarität der Datenverarbeitung in Schwarz-Weiß, das Anhalten der Bewegung, die Montage der Bildfolge und ihre *mise-en-abyme* durch Effekte der Vergrößerung und Einrahmung zur Geltung, es geht vor allem darum, die spezifische Stummheit der fotografischen Apokalypse, die »Strategie des Schweigens« im fotografischen Ereignis auf eine »Photo-Grammatik« (RE III) dieser Zeichen ohne Code zurückzuführen, die gegenüber einer sprachlichen Übercodierung anzusetzen ist. Der Titel, *Recht auf Einsicht*, der ein Revisionsrecht auf Kontrolle zum Beispiel der Umsatzbücher eines Betriebes bezeichnet, hat eine doppelte Bedeutung, nämlich zum einen an das besondere ›Zu-sehen-Geben‹ der Brechung des Blicks durch das Medium, also an die fotografische Sichtweise, zu erinnern, zum anderen weist Derrida aber auf die grundsätzliche Verbindung zwischen Recht/Autorität und der Macht des Blicks hin. Es gilt die kritische Frage zu stellen, wer ein »Recht des Blicks, des Einblicks, der Aufsicht, der Kontrolle«, ein »Überwachungsrecht« als Macht innehat, »wer befugt ist, (*sich*) Bilder zu zeigen, zu montieren, zu speichern, zu interpretieren und zu nutzen« (EC 45).

In dieser Hinsicht ist für Derrida – im Gegensatz zu Barthes – die objektive Bild-*Aufzeichnung* »untrennbar von einer Bild*produktion* und verlöre so die Referenz auf einen äußeren und einmaligen Referenten«[63], der sich vielmehr in die Supplementarität dessen auflöst, was als Textgewebe auch in den Bildmedien bleibt. Auch für den Film macht Derrida die Differenz zum Sprachlichen als Diskurs geltend:

> »Denn selbstverständlich, wenn es ein Spezifisches des kinematographischen *Mediums* gibt, so ist es dem Sprechen fremd. Das heißt, dass selbst das gesprächigste Kino eine Wiedereinschreibung des Sprechens in ein spezifisch kinematographisches Element voraussetzt, das nicht vom Sprechen beherrscht wird.« (KR 13)[64]

Was aber nicht heißt, dass der Film als narratives Kunstwerk nicht wieder ein Text ist. Textualität ist vielmehr die Grundlage für die Erkennbarkeit seiner Artefaktualität und damit für die politische Konsequenz einer Wachsamkeit, einer Aufmerksamkeit für die Machtverhältnisse seiner Entstehungszusammenhänge. Der Topos vom Recht auf Einsicht zeigt für Derrida die ganze Ambivalenz der Informationsmedien, die einerseits das Recht auf grenzenlose Aufklärung über alle Ereignisse, andererseits aber einen nahezu orwellschen Terrorismus der Überwachung und Nichtrespektierung des Privaten ausüben. Diese Tendenz beginnt für ihn schon mit der telematischen Kommunikationsvernetzung des Telefons als Aufhebung der Distanz:

> »[…] es geht hier um eine Kommunikation, die, *verkabelt* und *zielgerichtet*, in größter Nähe zu Haupt und Oberhaupt, alles sogleich erreicht und sich überall verbreitet. […] Das Telephon verhindert die Festlegung einer Grenze zwischen

> dem Öffentlichen und dem Privaten [...]. Es leitet die Bildung einer *öffentlichen Meinung* dort ein, wo diese nicht mit den üblichen Bedingungen der Öffentlichkeit rechnen kann: mit einer gedruckten Presse oder mündlich vermittelten Nachrichten, mit einem wie immer auch verfaßten Verlagswesen.« (DAK 34)

Dabei geht die »techno-wissenschaftliche Mutation« des Raumverständnisses weiter, wobei Derrida auch im Umgang mit Wissen bis hin zum akademischen Bildungsbereich erschreckende Konsequenzen der Globalisierung in Form einer »Topolitik« (EC 72) der Entgrenzung sieht: in der Cyberwelt, in der Welt des Internets, der Welt der E-Mail und des Mobiltelefons (vgl. UU 56). Gemeint ist damit eine Entdifferenzierung nicht nur der lokalen, nationalen Eigenheiten, sondern auch der Medienprodukte. Und so fordert Derrida neben einem Kampf gegen den »Analphabetismus gegenüber dem Bild« (EC 74), also konkret dem Lehren der Wahrnehmung medialer Bilder, auch einen Kampf für Sendekanäle wie *Arte* als »Raum, in dem man sich wenigstens in gewissem Maße von der unmittelbaren Kontrolle durch das bestehende System der Einschaltquote befreit« (EC 157). Die grundsätzliche Kritik am *Vergessen der Medialität* in den Medien, das heißt des Aufschubs, der Differenz unsichtbarer Vermittlung auch im World Wide *Web*, das nur wieder ein »Gewebe«, also ein Text ist, den Computer um uns stricken[65], führt Derrida immer wieder zu einer Wiederentdeckung der Langsamkeit. Sein Anliegen ist dabei spürbar, nämlich, ohne eine Hierarchie des Archivs wieder einzuführen, die Mannigfaltigkeit der grammatologischen Spuren auch in die Komplexität der politischen Medienlandschaft hinüberzuretten. Und in diesem Sinne ist der Ort, an dem Derrida denkt, vielleicht nicht mehr nur der einer *Grammatologie* oder *Programmatologie*, sondern auch der einer *Pra-*

grammapolitologie der Veränderung der Gemeinschaft durch die neuen Technologien der Vernetzung von Kommunikations- und Informationsformen der Spur.

Ethik der Gabe

Die Frage der Ethik, die in früheren Schriften Derridas nicht so sehr in den Vordergrund trat, ist eng mit dem Thema der Gabe verbunden, ja vielleicht sogar mit diesem identisch; jedenfalls in der besonderen Weise, wie Derrida diesen kulturgeschichtlich vertrauten Begriff durch seine dekonstruktive Entfaltung aller semantischen Konsequenzen und auch Inkonsequenzen unvertraut, rätselhaft, kurz zur *Aporie* werden lässt. Oder anders gesagt: Es gibt Ethik, weil es Aporien gibt. Ohne dass dies Anlass zu irgendwelchen Systematiken würde, ordnen sich gewissermaßen stillschweigend alle in den einzelnen Werken diskutierten Aporien (des Todes, des Namens, des Eigenen, des Restes usw.) dem Oberthema der Gabe unter, und Derrida gibt selbst in der Vorbemerkung zur 1990 erschienenen Publikation seines einschlägigen Seminars von 1977/78 eine Liste mit Belegstellen an, in der das Auftauchen des Gabenbegriffs in allen früheren Schriften aufgeführt wird.

Explizit als aporetischer und insofern den bestehenden Kontext sprengender Gedanke taucht die Gabenthematik zuerst im Nietzsche-Vortrag von 1972 auf, wo in Bezug auf den Aneignungsprozess des Wissens Nietzsches »abgründige Gabe« der Wahrheit als Weib zitiert wird:

> »Die Frage des Sinns oder der Wahrheit des Seins *vermag* die Frage des Eigenen, des Geben/Nehmen, des Geben/Behalten, des Geben/Schaden, des *coup de don* nicht zu erfassen.« (SPO 155)

Die momenthafte Metapher des »coup« (Schlag, Wurf), abgeleitet natürlich von Mallarmés »coup de dés« (Würfelwurf), signalisiert schon die wie der Zufall unverfügbare und unberechenbare Heterogenität, die mit dem Ereignis der Gabe hereinbricht und die auch im Zusammenhang der Apokalypse als unendliche und unerfüllbare Aufgabe (des Übersetzens von Babel) darauf insistiert, »sich von der Schuld der Gabe, von der gegebenen Gabe, vom Geben selbst freizusprechen« (APO 11; vgl. PSY 205). Und genau diese Unübersetzbarkeit als Unabgeltbarkeit der Wieder-Gabe eines Originals beherrscht auch das Reden in mehr als einer Sprache der Joyce-Analyse, die nicht nur ein Sich-Öffnen für das Denken der Gabe und eine Bejahung der Gabe fordert, sondern mit dem Titelhelden Ulysses auch ein Zentralmotiv formuliert, nämlich das Brechen mit dem, was als der »odysseische Kreis« (UG 110) bezeichnet wird, der »Kreis der Wiederaneignung« einer Heimat in der Rückkehr zum Ausgangs- als Bestimmungsort unter Vermeidung der »Risiken technischer Wiederholung, automatisierter Archivierung«, der Risiken »des Irrens, das der Adresse und der Bestimmung beraubt ist« (UG 111). Die Gabe als Aporie folgt einer Topologie, die keine Rückkehr kennt, sondern die Erfahrung von Zeit in dem Maße affirmiert, dass sie wie der von Heidegger interpretierte *Geist* in Hölderlins Gedicht »Brot und Wein« nur »Kolonien liebt und tapfer Vergessen«:

> »[…] daß es die Gabe nur unter dieser aporetischen Bedingung gibt, daß sie nichts gibt, das *gegenwärtig* sei und sich als solches *vergegenwärtigt*. Die Gabe ist allein Versprechen und versprochenes Gedächtnis, und genau hierin ist sie die Zukunft von Mnemosyne [d. h. des gleichnamigen Gedichts von Hölderlin]« (MEM 199).

Die ethische Lesart dieses gegebenen Versprechens geht aber zurück auf ein seinsgeschichtliches Andenken, das bereits Heidegger in der unpersönlichen Wendung des »es gibt« formuliert hat. Dahinter steht eine der grundsätzlichen Voraussetzungen der abendländischen Metaphysik, dass es nämlich etwas gibt und nicht vielmehr nichts. Der ethische Aspekt dieser unvordenklichen Gegebenheit rekurriert folglich nicht auf eine Tugendlehre oder ein moralisches Gesetz, sondern auf die Grunderfahrung einer Beziehung zum *Anderen* in seiner unvordenklichen, unentscheidbaren und vor allem unberechenbaren Alterität und Ankunft. Derrida folgt mit diesem Motiv der Anerkennung einer irreduziblen Singularität des Anderen, die auch nicht in einen ethischen Kalkül eintreten kann, der Weiterentwicklung des heideggerschen »es gibt« durch Emmanuel Lévinas, dessen Ansatz einer unvorhersehbaren Ankunft des Anderen als »Ursprung des Ethischen« beziehungsweise der »Ethizität des Ethischen« ihn schon früh beschäftigt hat. (Vgl. SD 127) Während aber Lévinas im fundamentalontologischen »es gibt« die sinnentleerte Anonymität einer Selbstverleugnung sieht, die es in der Verantwortung dem Antlitz des Anderen gegenüber zu überwinden gilt[66], hinterfragt Derrida die fundamentalontologische Wendung als Anzeichen eines Gewährens, als Eröffnung eines Zeithorizontes des Geschicks. Mit der Figur eines *Gebens im Entzug* versuchte nämlich schon Heidegger das Phänomen der Gabe aus seiner sozial-ökonomischen Eindeutigkeit zu lösen und jenseits von Tausch und Verpflichtung auf Gegengaben als das reine Geschenk des Daseins beziehungsweise dessen *Präsenz* als *Präsent* zu denken.[67]

In dieser Hinsicht ist die von Derrida dann weitergedachte heideggersche Kehrseite der Gabe als irreversibles und nichtrestituierbares Geschick dasjenige, was sie zum Inbegriff der Aporie werden lässt. Die Möglichkeit der Gabe, so Derridas paradoxe Eröffnung der Argumentation, ist ihre Unmöglichkeit, sie ist *als Gabe* (und diese Formulierung wird in Derridas Texten immer wiederkehren) von der Zirkulation des Geschenketausches auszunehmen, um ihre Einzigartigkeit zu wahren. Alles kommt darauf an, den ethischen Impetus durch die Differenz zu dem zu markieren, was als Ökonomie beschrieben wird und was der »odysseischen Struktur« einer Rück- oder Heimkehr folgt:

> »zirkulärer Austausch, Zirkulation der Güter, Produkte oder Ware, Geldumlauf, Schuldentilgung und Abschreibung (Amortisation), Ersetzbarkeit der Gebrauchs- und Tauschwerte« (FG 16).

Implizit setzt Derrida damit seine Kritik am Kapitalismus fort, die auch die Sichtweise auf die Medien bestimmt und die im Namen der Gabe das als *»anökonomisch«* (FG 17) zu denken unternimmt, was frei ist von der Warenform, als deren Grundprinzip des Tauschwertes Marx im *Kapital* die Äquivalenz bestimmt hatte:

> »Gabe gibt es nur, wenn es keine Reziprozität gibt, keine Rückkehr, keinen Tausch, weder Gegengabe noch Schuld geben. Wenn der andere mir das, was ich ihm gebe, *zurückgibt* oder es mir *schuldet*, das heißt mir zurückgeben muß, wird es keine Gabe gegeben haben, ob diese Rückgabe nun unmittelbar erfolgt oder vorprogrammiert ist im komplexen Kalkül eines lang befristeten Aufschubs [différance].« (FG 22 f.)

> »*Die Gabe als Gabe* dürfte *letztlich nicht als Gabe erscheinen: weder dem Gabenempfänger noch dem Geber*. Gabe als Gabe kann es nur geben, wenn sie nicht als Gabe präsent ist.« (FG 25)

So emphatisch auch die weitere Kette von negativen Bestimmungen der Gabe als Nicht-Logisches, Nicht-Normierbares, Nicht-Vernünftiges, Nicht-Erscheinen, Nicht-Bewahrung usw. ausfällt, insistiert Derrida dennoch immer darauf, dass es sich nicht um eine Utopie handelt. Es gibt die Gabe, nur geschieht sie in der unverfügbaren Zeitlichkeit des Ereignisses, und zwar »in einem Augenblick, der ganz gewiß nicht zur Ökonomie der Zeit gehört, in einer Zeit ohne Zeit«, die, »ohne etwas Präsentes, Präsentierbares, Bestimmbares, Sinn- oder Bedeutungsvolles zu sein, doch nicht nichts ist« (FG 29). Derrida nennt es auch eine »transzendentale Illusion« eines »Außen«, das nicht »unsagbar, transzendent und bezugslos wäre« (FG 45), sondern dem ökonomischen Kreislauf inhäriert und ihn anstößt.

Mit diesem Denken eines Außen steht Derrida nicht allein, hat er doch im »rückhaltlosen Hegelianismus« von Georges Bataille schon früh die Überschreitung der ökonomischen Nützlichkeitserwägungen als radikalen Versuch, »das Unmögliche«, »die Differenz« zwischen Sinn und Nicht-Sinn einer entschränkten, *allgemeinen* Ökonomie zu denken, gewürdigt. (SD 382 ff.) Bataille hatte bereits 1933 in seinem Aufsatz über den »Begriff der Verausgabung« die ökonomischen Kategorien der Nützlichkeit denunziert und in der »unproduktiven Verausgabung« durch luxurierende Vergeudung, sakrifizierende Opfer, leidenschaftliche Wetteinsätze und ästhetische Ornamentalität einer »Schöpfung durch Verlust« gehuldigt.[68] Bataille war auch der Erste, der die zehn Jahre zuvor publizierten ethnologischen Forschungen von Marcel Mauss aufgriff, in denen das Phänomen des Gabentausches auf seine agonalen Momente des Rivalitätsgeschenks hin untersucht wird. Mauss bezog sich dabei auf den sogenannten Potlatsch, ein auf wechselseitige Überbietung hinauslaufendes System des Gastgeschenks in den archaischen Gesellschaften Polynesiens und Melanesiens sowie bei den Indianerstämmen Nordamerikas, das im Vernichten der eigenen Reichtümer besteht. Ziel ist die Herabsetzung beziehungsweise Demütigung des Anderen, des Beschenkten, durch die eigene Freigebigkeit, die in diesem »System totaler Leistungen« als System der Äquivalenz beziehungsweise der Reziprozität in dieser Form erwidert werden muss. Diese Verpflichtung zur Revanche und zur gegenseitigen Überbietung läuft auf Zerstörung, auf Ruin hinaus.[69]

Mauss hat mit diesem Extremfall ein Grundgesetz sozialen Umgangs zu formulieren versucht, das er in einer für Derrida natürlich provozierenden Weise als Gabentausch herausarbeitet, basierend auf den drei Grundregeln: Man muss geben, die Gabe annehmen und sie erwidern. Hier setzt Derridas Zweifel ein, der sich vor allem an der Selbstverständlichkeit entzündet, mit der Mauss Tauschverhältnisse als Gabe bezeichnet, und der in die Vermutung mündet, dass »Marcel Mauss von allem möglichen spricht, nur nicht von der Gabe« (FG 37). In all den Ökonomien des »do ut des« und Verträgen zur Verpflichtung auf Gegengaben samt deren Überbietung erkennt er immer wieder die Figur des Kreises wieder, die das Doublebind der Gabe, die als solche nicht erscheinen, angenommen und beantwortet werden darf, in die Ordnung einer berechenbaren Entscheidbarkeit zurückführt: einer *Symmetrie* und *Hierarchie*, die aber – so Derridas Kardinalvorwurf – eben »nicht einfach gegeben« und als solche zu nehmen sind, sondern *»gesetzt«* werden »als die Regel der Moral, der Ethik und der Politik«, und das heißt, »für das, was *man muß*, für das, was es *geben soll*« (FG 91 f.). Aber das hat nichts mit der Gabe *als Gabe* zu tun, die sich solchen Regelmechanismen gerade entzieht. In einer minutiösen Lektüre des Textes von Mauss, auch im Vergleich mit den Untersuchungen anderer Ethnologen, rekonstruiert Derrida die Widersprüche der Argumentation für eine Gabenthematik, die sich immer wieder als Verrat an deren Anspruch erweist.

Auch die Einleitung von Lévi-Strauss in das Werk von Mauss ist für Derrida nur ein weiteres Beispiel, durch Äquivalenz, die Lévi-Strauss hier über die substituierende Funktion eines transzendentalen Signifikanten gegen die Fixierung von Mauss auf die dingliche Macht der Gabe begründet, die eigentliche Heterogenität der Gabe zum Verschwinden zu bringen. Worum es bei diesen Fragen der Äquivalenz oder genauer der Ambivalenz vielmehr geht, ist das von dem Sprachwissenschaftler Emile Benevistes in der etymologischen Wurzel *do- aufgewiesene semantische Schwanken zwischen *geben* und *nehmen*[70], das nicht nur nicht entscheidbar ist, sondern das grundsätzliche Doublebind der Gabe als *Pharmakon*, als »Geschenk *und* als Gift« (FG 109) betrifft, wobei die englische Bedeutung von »gift« im deutschen Wort »Mitgift« noch erhalten ist. Es geht um die Unbestimmtheit und Unkalkulierbarkeit der Gabe, ihre ungesicherte Wahrung in aller *Verausgabung*, die es vor allem zu tun hat mit dem Kernproblem der *(An-)Erkennung* einer Phantomartigkeit des Anderen, das sich als solches jeder Aneignung entzieht.

Zwei Erscheinungsweisen der Gabe interferieren also auf unversöhnliche Weise in Derridas ethischem Diskurs: auf der einen Seite der berechenbare Tauschwert einer auf Rückbezüglichkeit, Restitution und Reproduktion verpflichtenden *impliziten* Ökonomie; auf der anderen Seite das aleatorische Ereignis einer unvergleichlichen, einmaligen, *zustoßenden* Chance des gegebenen Augenblicks; einerseits also die Präsenz der identifizierbaren, adressierbaren, messbaren und austauschbaren Ware, andererseits die Zufälligkeit des unerwarteten, unmotivierten, unvergleichlichen und maßlosen Geschenks. Entscheidend ist hier die Erschütterung der Grenze zwischen innen und außen, zwischen dem Binnenraum einer geordneten Zirkulationssphäre von Tauschgütern und dem Jenseits schicksalhafter Glücksfälle: Das mit seiner ganzen

Unwägbarkeit und Unvorhersehbarkeit hereinbrechende Ereignis ist immer auch das, was von innen her zustößt, was erst in dieser Weise einer impliziten Überraschung oder Überwältigung die Ausschließlichkeit der Bestimmungskriterien zunichtemacht.

> »Eine Gabe, die nicht überbordend ist, eine Gabe, die sich in einer Bestimmung einschließen läßt und durch die Unteilbarkeit eines identifizierbaren *Zuges* begrenzen ließe, wäre keine Gabe. Sobald sie sich abgrenzt, ist eine Gabe der Berechnung und dem Maß, der Beherrschung und der Bemessung, der Obhut von Kontrolle und subjektivierender Wiederaneignung preisgegeben.« (FG 122)

Derrida geht es bei allen Beispielen solcher Maßlosigkeit auch darum, die Nichtentscheidbarkeit von Gabe und Betrug, von Wahrheit und Lüge des Gebens, von Erwartung und Enttäuschung usw. aufzuzeigen. Es ist der immanente Widerspruch selbst, dem zufolge die Gabe einerseits einmaliges, überraschendes und ganz individuelles Geschenk sein soll und andererseits als symbolische Form in eine Reihe mit anderen Gaben gerückt wird und folglich nur Substitut oder Surrogat des von ihr Bezeichneten ist. Sicherlich gibt es einen performativen Kontext, in dem sich das Ereignis der Gabe datieren und adressieren lässt. Es gibt auch keine Gabe »ohne Intention zu geben«, aber es bedarf auch wieder »des Zufalls, der Begegnung, des Unwillkürlichen, sogar des Unbewußten« (FG 161), um die Gabe davor zu bewahren, bewahrt zu werden. Dieses Aussetzen oder Aufschieben der Gabe im Sinne eines endgültigen und definitiven Ankommens ist die Chance des Geschicks, aus dem Teufelskreis vorherbestimmter Wiederholung auszubrechen und Freiheit zu ermöglichen, die im Begriff der Freigebigkeit anklingt.

Das von Derrida gewählte zentrale Beispiel für eine unmögliche Gabe im Sinne der Unentscheidbarkeit ihrer Nützlichkeit innerhalb der Sphäre der ökonomischen Tauschrelation ist Charles Baudelaires kurze Erzählung »Das falsche Geldstück«. Eingehend analysiert Derrida mit einer fast schon an die Kommentierung kanonischer Texte grenzenden Genauigkeit die Geschichte über eine Falschmünze, die einem Bettler als Almosen gegeben wird und Anlass zu den vielfältigsten Spekulationen über das Schicksal des damit Beschenkten und die moralische Integrität des falschen Spenders gibt, dessen unechte Gabe für bare Münze genommen wird. Es geht um Tabak als Beispiel für verausgabenden Verzehr und bargeldlose Geschäfte des Kreditwesens sowie um die Verzweigungen dieser Doublierung von echter und falscher Währung bis in den Titel, der eine Erzählung über Falschgeld ankündigt, die aber selbst auch Falschgeld im übertragenen Sinne von Literatur als Fiktion sein kann. Vor allem aber interessiert Derrida die ethische Konsequenz der von Baudelaires »Erzähler« verurteilten Geste, sich die Anerkennung als Wohltäter zu erschleichen, insofern zu bedenken gegeben wird, dass die Behauptung des betrügerischen Spenders auch eine Schutzbehauptung gewesen sein kann. Dann läge eine Verdoppelung der Fälschung vor, die in den »möglichen aleatorischen und unberechenbaren Konsequenzen des falschen Geldstücks« (FG 201) die Möglichkeit der unmöglichen Gabe eröffnet. Das Ereignis des »es gibt« öffnet den Raum der Begegnung mit dem Anderen am Eigenen, dem Fremden am Vertrauten, dem Nichtangeeigneten des Unheimlichen am Dasein.

Diese Möglichkeit, das Unmögliche zu geben, die immer auch die Möglichkeit des Scheiterns miteinschließt, bestimmt das Ethische nach Derrida in der Verantwortung gegenüber dem anderen als Anderem. Es bleibt das Paradox dieser *Verantwortung ohne Versicherung*, dass sie sich nicht in eine Gewissheit vor dem Gesetz flüchten kann, sondern nur im ausgehaltenen Fragen nach dem Undenkbaren und Ungewussten übernommen wird, weshalb Derrida auch ex negativo zu bedenken gibt:

> »[...] hätte ich wirklich ein Wissen davon, wofür und vor wem ich verantwortlich bin – regelrecht, verbindlich und gesetzmäßig –, dann wäre ich nicht mehr verantwortlich, d. h. dann könnte ich die Ausführung der sogenannt verantwortlichen Handlungen einer Maschine überlassen.«[71]

Damit erfüllt sich noch einmal der Sinn einer Ethik der Gabe als *Aufgabe* im Sinne einer zugleich nichtbewahrenden und bedingungslosen Anerkennung des Anderen (in jeder Hinsicht), wie sie Derrida auch seiner umstrittenen Forderung nach »reiner Vergebung« ohne Voraussetzung, Versöhnung und Souveränität als Ausnahme einer »hyperbolischen Ethik«[72] zugrunde legt. Wenn diese Aufgabe der Verantwortung diejenige Dimension der Begegnung mit dem anderen eröffnet, die *Gerechtigkeit* genannt wird, so ist diese nicht in einem *Recht* als einem System von Legitimation oder Legalität zu begründen: Gerechtigkeit kann nicht durch Vertrag, Gesetz oder Zwang geregelt oder sichergestellt werden, vielmehr appelliert sie, »die unendlich ist, unberechenbar, widerspenstig gegen jede Regel, der Symmetrie gegenüber fremd, heterogen und heterotrop« (GK 44), an die ethische Beziehung eines gewaltlosen Verhältnisses zum anderen.

Zwischen der Gerechtigkeit (als Aufgabe der Gewaltlosigkeit) und der Gesetzeskraft (als einer ursprünglichen, das Recht stiftenden, begründenden, rechtfertigenden und diktierenden Gewalt) sieht Derrida mit Lévinas eine »absolute Dissymmetrie« aufklaffen, die es in der Bejahung der Gabe als Gabe des Anderen nicht zu überwinden, sondern zu affirmieren gilt.[73] Die unentwegt nach Gerechtigkeit strebende Sprache umhüllt einen »mystischen Grund« des Schweigens als Element der vorethischen, ökonomischen Gewalt, den sie, wie Derrida schon in seiner frühen Lévinas-Studie unterstreicht, aufhebt oder – wie es später dann heißen soll – dekonstruiert, »indem sie den Krieg in sich selbst anerkennt und praktiziert« (SD 178). Die Sprache hat daran teil, indem sie immer auch zur Ökonomie der Präsenz, der Versicherung, des Eigentums und des Tausches zurückführt. Es ist aber gerade die Verantwortung, die dem anderen eine Antwort schuldig bleibt, was die Sprache als Sprechen vorantreibt:

> »Es gäbe keine Sprache ohne diese (ethische) Verantwortung, aber es *ist niemals sicher*, daß die Sprache sich der Verantwortung (über)gibt, die sie ermöglicht […]: sie kann sie immer […] verraten und in das Selbe einzuschließen trachten. Diese Freiheit zu verraten muß ihr gelassen werden, damit sie sich ihrem Wesen, das die Ethik ist, ergeben kann.«[74]

Die Gewalt der Gesetzeskraft und die Geister der Gerechtigkeit

Das Politische hat für Derrida immer schon eine vorrangige Rolle gespielt, auch wenn die Ernsthaftigkeit seines Engagements erst in den 1990er-Jahren gewürdigt wurde. Dabei gibt es zahlreiche Beispiele für ein solches verantwortliches Eingreifen vor allem im bildungspolitischen Bereich, angefangen bei seinem Kampf für die Reform des Philosophieunterrichts an den französischen Schulen in der Gruppe GREPH bis hin zur Gründung des Collège International de Philosophie 1983.[75]

Die 2002 auf Einladung von Habermas auch in Frankfurt gehaltene Rede über »Die unbedingte Universität« ist nicht nur ein glühendes Bekenntnis zur Freiheit der Geisteswissenschaften und zu ihrem Recht darauf, alle Fragen zu stellen, sondern auch ein »Glaubensbekenntnis« (UU 21) der Verantwortung als *Professor*, dem schon im Wortsinne öffentlich Versprechenden, für ein »Denken des unmöglichen Möglichen, des Möglichen als des Unmöglichen« (UU 73). Auch betonte Derrida immer wieder, dass heutzutage »die Frage des politischen Engagements eines Intellektuellen sich nicht der Frage nach der Form seiner Interventionen in den Medien entziehen« kann, auch wenn dies immer wieder »Anlass zu philosophischen und politischen Missverständnissen« gibt.[76] Beispiele gab es genug, nicht zuletzt Mitte der 1980er-Jahre, als Victor Farias mit seinem Buch *Heidegger und der Nationalsozialismus* auch Derrida als Heidegger-Interpreten attackierte und als nach Bekanntwerden früher Publikationen Paul de Mans mit rassistischen Untertönen der ganze Dekonstruktivismus an den Pranger gestellt wurde.[77]

Fragen nach dem Recht und der Gerechtigkeit, die das gesamte Denken Derridas beherrschen, werden im literarischen Kontext schon bei der Interpretation von Kafkas Erzählung »Vor dem Gesetz« laut. In seiner Schrift *Gesetzeskraft. Der »mystische Grund der Autorität«*, der sich mit Walter Benjamins Aufsatz »Zur Kritik der Gewalt« auseinandersetzt, will Derrida insbesondere im ersten Teil zeigen, dass das Konzept der Dekonstruktion mit seiner Ablehnung von Regeln, mit seinen Fragen nach der Sprache und dem Idiom nicht nur nicht die Möglichkeit von Gerechtigkeit, von Recht überhaupt aus seinem Interessenfeld ausschließt, sondern vielmehr erst die Unendlichkeit der damit gestellten Aufgabe deutlich werden lässt. Derrida erinnert einleitend daran, dass das deutsche Wort »Gewalt« zwei ganz unterschiedliche Bedeutungen vereint, nämlich »die der Gewalt(tätigkeit/samkeit) und die einer legitimen Macht, einer gerechtfertigten Autorität« (GK 13) als Gesetzesgewalt. Diese »differentielle Kraft und Gewalt« als »Kraft und Gewalt der *différance*« qua »aufgeschobene-verzögerte-abweichende-aufschiebende-sichunterscheidende Kraft oder Gewalt« (GK 15) interessiert Derrida, wobei er die Rede von einem »mystischen Grund der Autorität« von Montaigne übernimmt. Diese nahm für das Moment der Stiftung von Recht einen jenseits der Grenze des rechtfertigenden Diskurses, also im mystischen Schweigen gelegenen Gewaltakt an, eine Gewalt, die Derrida als jene Differenz von Aggression und Autorität aufschiebend weiter differenziert, wobei er an Motive der Gabe, der Unentscheidbarkeit, der Unberechenbarkeit, der Heterogenität hinsichtlich der Frage nach Gerechtigkeit anschließt.

Es geht also um eine Destabilisierung der Gegensätze (von Nomos und Physis, Gesetz und Konvention, Institution und Natur, Eigenem, Eigentum, Subjektivität und Intentionalität), die die Grundlage von Recht, Moral und Politik aufdecken soll, ohne sie durch neu etablierte Entscheidungsverfahren wieder zu verdecken. Es geht um eine *Verantwortung*, die ein wirksames Eingreifen ermöglicht und zugleich respektiert, dass sie ihrem Gegenstand nur auf mittelbare, indirekte Weise Gerechtigkeit widerfahren lassen kann: indem sie sich ihm zuwendet und ihn in der Suspendierung beziehungsweise Einklammerung des eigenen Anspruchs zugleich in seiner Zukunft kommen lässt.

Derrida bezieht in diesen Bereich der Verantwortung gegenüber dem Anderen ebenfalls diejenige gegenüber dem Gedächtnis – als Instanz des historischen Erbes oder der Tradition des Sinns – und gegenüber der Nichtabschließbarkeit oder Nichtlimitierbarkeit dieser Verantwortung mit ein. Gerade in diesem Sinne einer Unendlichkeit des Anspruchs der Gerechtigkeit, den Derrida seiner Auseinandersetzung mit Lévinas verdankt, wird die ethische Radikalität der Dekonstruktion deutlich:

> »Denn woher würde die Dekonstruktion ihre Kraft schöpfen, woher würde sie ihre Gewalt nehmen, woher würde sie ihren Bewegungsimpuls oder ihre Motivierung haben, wenn nicht von diesem immer unzufriedenen Ruf, von dieser nie zufriedenstellenden Forderung, jenseits der vorgegebenen und überlieferten Bestimmungen dessen, was man in bestimmten Zusammenhängen als Gerechtigkeit, als Möglichkeit der Gerechtigkeit bezeichnet?« (GK 42)

Das Insistieren auf dem Motiv der Unentscheidbarkeit, die Erschütterung des Vertrauens in die Ermächtigungskraft von Gesetzen, Regeln, Verträgen und Kriterien rekurrieren immer wieder auf die offensichtliche Tatsache, dass Gerechtigkeit nicht im Befolgen von Gesetzen, nicht in der Ausübung von Recht besteht. Am Ursprung des Rechts steht ein Vergessen dieser Verantwortung, ein Vergessen oder Verdrängen des Zufalls und des Ereignisses durch einen kalkulierten Gerechtigkeitssinn. Demgegenüber bringt Derrida wieder die Ungesichertheit des vertraglich Gebundenen in Erinnerung, und zwar angesichts dessen, was er als Aporie bezeichnet: die Aporie einer Aufhebung des Gesetzes im Handeln, die Aporie einer Unberechenbarkeit der nicht zurückführbaren möglichen Entscheidung, vor allem aber die Aporie der Zeit dringlicher Entscheidung, die Gerechtigkeit immer als ein »Zu-kommen« des ausstehenden Ereignisses in einer möglichen Zukunft aufschiebt: »Die Gerechtigkeit bleibt im Kommen, sie muß noch kommen« (GK 56), was aber für Derrida nicht heißt, dass Dekonstruktion sich der politischen Entscheidungsfrage entzöge:

»Die jeder Berechnung, jedem Kalkül gänzlich fremde Gerechtigkeit befiehlt als die Berechnung und das Kalkül. Dieses Berechnen muß sich so eng wie möglich an jenes halten, was man mit der Gerechtigkeit in Verbindung bringt: das Recht, die juridische Sphäre, die man durch eine Abgrenzung nie völlig zu isolieren vermag.« (GK 57)

Auf der Grundlage dieser Exposition einer dekonstruktiven Gerechtigkeit widmet sich Derrida im zweiten Teil dem kleinen Text Benjamins, dessen politische Brisanz in dieser Relektüre noch einmal deutlich wird. Derrida liest ihn dabei nicht nur als historisches Dokument, das in der Stunde des Scheiterns des Weimarer Parlamentarismus entstanden ist und zugleich die Aufbruchsstimmung rechts und links am Beispiel der gespenstischen Annäherung der Argumentation zwischen Benjamin, Heidegger und Carl Schmitt bezeugt; er dekonstruiert nicht nur Benjamins begriffliche Gegensätze wie den von begründender und erhaltender Gewalt, der nicht der »differantielle[n] Kontamination« (GK 83) von Setzung und Iteration, Wiederbegründung, Erhaltung entgeht. Was Derrida in letzter Konsequenz zeigt, ist die nahezu unheimliche Aktualität der Gedanken Benjamins und zugleich ihrer dekonstruktiven Verschiebungen. Man könnte sogar von einer unheilvollen Zu-Künftigkeit sprechen, wenn man daran denkt, wie sich die von Derrida angeführten Momente der Suspension des Rechts im Augenblick einer staatsgründenden Macht oder des Doublebind von Rechtssetzung und Gewalt in den Kriegen auf dem Balkan, in Teilen der ehemaligen UdSSR oder im vorderen Orient erfüllten. Darüber hinaus geht Derrida auch auf die innerstaatlichen Widersprüche des Rechts ein, die er am Beispiel der Todesstrafe, der Polizeigewalt wie auch des Gegensatzes von parlamentarischer und liberaler Demokratie entwickelt.

Der von Benjamin entfalteten eschatologischen Dimension einer göttlichen Gerechtigkeit jenseits von Recht und Staat erteilt Derrida jedoch eine klare Absage. Die politischen Konsequenzen aus dieser Utopie einer mythischen Gewalt haben im Nationalsozialismus ihre ganze Monstrosität gezeigt, deren höchster Zynismus es noch wäre, den Holocaust als Ausbruch eines gerechten göttlichen Zornes zu deuten. Dagegen ruft Derrida auch im Namen eines in der Möglichkeit von Gerechtigkeit gegebenen Werts des Daseins zur Vermittlung durch sprachliche Auseinandersetzung auf und erinnert an die Verpflichtung zum

> »Kompromiß zwischen zwei heterogenen Ordnungen, [...] dem Gesetz der Repräsentation [...] und zugleich jenem anderen Gesetz zu gehorchen, das die Repräsentation übersteigt und das Einzigartige, jede Einmaligkeit ihrer Einschreibung in die Ordnung des Allgemeinen oder des Vergleichs entzieht.« (GK 123)

Dekonstruktion, so konstatiert Derrida am Schluss seiner Ausführungen noch einmal deutlich, ist nicht zu verwechseln mit »Destruktion« im fundamentalontologischen Sinne Heideggers oder mit »Zerstörung« im mythischen Sinne Benjamins, in dessen Aufsatz er »noch allzu starke Heideggersche Züge«, »messianisch-marxistisch oder archeo-eschatologisch gefärbt« (GK 124), erkennt, sie ist vielmehr *»Bejahung«* der Unterschiede (GK 125).

Und damit sind nicht nur politische Unterschiede zwischen rechts und links gemeint, sondern auch des Umgangs mit Begriffen, denen Derrida mehr Gerechtigkeit widerfahren lassen will. Die Konsequenzen zeigt er in seiner Beschäftigung mit den politisch-philosophischen Positionen Heideggers, dessen intellektuellen Weg in den Jahren 1927–1933 er in einer Vorlesung anhand seines Umgangs mit dem Begriff »Geist« rekonstruiert. Setzt Heidegger diesen in *Sein und Zeit* noch in Anführungszeichen, um seinen begrifflichen Zitatstatus zu markieren, so fallen diese 1933 in der heideggerschen Rektoratsrede im Geiste der neuen nationalsozialistischen Machthaber weg:

> »[...] mit einem Schlag werden die Anführungszeichen aufgehoben, hebt sich der Bühnenvorhang. Bereits am Anfang stellt sich ein Knalleffekt ein; der Geist selber tritt auf; es sei denn, er schickt sein eigenes Phantom auf die Bühne, seinen eigenen *Geist*.« (VG 40)

Derridas Analyse der Rede Heideggers über *Die Selbstbehauptung der deutschen Universität* konzentriert sich auf diese Figur der Verkörperung, die auf einmal abstrakte geistige Kategorien wie den »Geist« selbst, aber auch damit einhergehende moralische Ideale wie »den Auftrag oder die Schickung«, nationale Werte wie »das Deutsche«, vor allem aber die »geistige Führung« und das Vorbild im *»Führer«* (VG 42) auf gespenstische Weise zu einem konkreten Leben erwachen lässt, materialisiert durch die quasi magische Kraft der politischen Bewegung des Dritten Reichs, deren Repräsentanten, allen voran *der* Führer, nicht mehr funktional das politische Wollen führen, sondern substanziell den Volkswillen wie in einer erfüllten messianischen Vorstellung verkörpern. Derrida zeigt schonungslos im Wortlaut von Heideggers Argumentation auf, wie die philosophischen Topoi – das Fragen, die Weltorientierung, das Dasein, die Eigentlichkeit – in den Präsenzfetischismus eines Geraunes von Willen, Welt, Blut und Boden sowie Entschlossenheit umgemünzt werden und Heidegger seine eigene frühere Abkehr von der Metaphysik der Subjektivität im Bekenntnis zu den neuen Machthabern widerrufen muss. Derrida macht die ganze unheimliche Doppeldeutigkeit des heideggerschen Nazi-Sympathisantentums deutlich, die ihn nicht nur durch die Übernahme der »Bestimmung« des Geistes in die ganze Autor-Verantwortung seines Diskurses einsetzte, sondern zugleich zur Gegenstrategie Zuflucht nehmen ließ, gerade durch die »*geistige* Legitimität«, also den Versuch, die Nazis zu vergeistigen, deren dunkle Kräfte zu verharmlosen und dem ideologischen Kraftfeld biologischer und rassischer Natur zu entziehen. In dieser Doppelstrategie kehrt der Geist aber wieder, er wird zum Doppelgänger oder zum Geist im Gespenstersinne:

> »[...] der eine Geist – im Französischen und im Deutschen ein Gespenst, ein Phantom – überrascht immer den anderen, indem er zurückkehrt und ihm seine Stimme verleiht, wie ein Bauchredner. Die Metaphysik kehrt stets zurück, wie ein Gespenst, wie ein wiederkehrender Geist; am verhängnisvollsten ist die Rückkehr des *Geistes*, die Rückkehr, die die Gestalt des *Geistes* annimmt. Verdoppelungen, die man nie vom Einfachen trennen kann.« (VG 50)

Derrida folgt dieser gespenstischen Wiederkehr des Geistes bei Heidegger bis hin zu dessen Literaturinterpretationen der 1950er-Jahre, in denen das Wort »geistig« als »*Revenant*, der wiederkehrende Geist, das Gespenst, das Phantom« (VG 107), wiederkehrt, in unverarbeiteter Form ohne die Trauerarbeit einer Vergangenheitsbewältigung. Aber eine solche ist nach Derrida auch gar nicht möglich, insofern das Gespenstische, die Wiederkehr des Geistes in der Pluralform von Geistern, nicht vermeidbar ist beziehungsweise sein sollte, wie auch das andere Beispiel Derridas, nämlich Karl Marx, gezeigt hat, der einst das Gespenst des Kommunismus beschwor. Marx hat in zwei Vorträgen Derridas über die Zukunft des Marxismus einen ebenso spektakulären Auftritt wie Heidegger, nur ist es diesmal Shakespeare, der mit seinem *Hamlet* und dem Auftritt des Geistes für den Rahmen sorgt: »The time is out of joint« (»Die Zeit ist aus den Fugen«), so lautet das Motto, wobei die beiden Motive der Zeit und der Fuge in allen Bedeutungen mitschwingen: der Epoche, der Zeitlichkeit, des Endzeitlichen, des Entzugs, der Erbschaft, der Generation und eben als das Unverfügte, Zerbrochene, aber so auch den Unterschied als Differenz Betonende.

Das Hauptmotiv der schon im Titel herbeigerufenen Gespenster lenkt die Randgänge Derridas aber zu einer der dringlichsten Fragen in Bezug auf die Folgen von 1989, nämlich nach der Rolle des Marxismus nach dem Untergang der kommunistischen oder sozialistischen Regime. Derrida will verhindern, dass Marx als toter Hund behandelt wird, ohne sich zu einer Wiederkehr des Marxismus zu bekennen. Anhand des bei Marx selbst thematischen Umgangs mit Gespenstern, die höchst ambivalent beschworen und zugleich wieder im Namen einer aufklärerischen Rationalität bekämpft werden, plädiert Derrida dafür, dem Gespenstischen als Wiederkehrenden »zwischen Leben und Tod«, als dem Nicht-Seienden, das, »weder Substanz noch Essenz, noch Existenz, *niemals als solches präsent ist*«, Gerechtigkeit widerfahren zu lassen und so in einer »Zeit ohne bevormundendes Präsens« zu lernen, »*mit* den Gespenstern zu leben« (MG 10). Es gibt immer Gespenster und sie werden immer wiederkehren, möchte Derrida mit und gegen Marx seinen Zuhörern zurufen, um sie in der Selbstgewissheit und Selbstgerechtigkeit einer *»lebendigen Gegenwart«* zu erschüttern und zur *»Verantwortung«* (MG 11) gegenüber dem Nicht-Präsenten, dem Nicht-Berechenbaren, dem Un-Toten, Heimsuchenden und Unverfügbaren aufrufen. Und in diesem Sinne erinnert er auch wieder an Freuds Begriff der Trauerarbeit und die drei narzisstischen Kränkungen durch Kopernikus, Darwin und Freud selbst, die zeigen, dass der Mensch nicht der Herr im eigenen Hause ist (vgl. MG 157 f.).

Gespenstisches findet Derrida bei Marx an vielen Stellen, nicht nur im *Kommunistischen Manifest*, sondern auch im berühmten »Fetisch«-Kapitel des *Kapitals* und in vielen Analysen des Geld- und Warenverkehrs. Überhaupt wird Geld fast immer als Phänomen des Scheins, des Phantoms, der Phantasmagorie, des Simulakrums, der Virtualisierung und Maskerade von Wert und Mehrwert behandelt. Anders als Marx in seinem revolutionären Impetus, diesen Spuk des kapitalistischen Warencharakters aufzuheben und zu einer sozial gerechteren Welt vorzudringen, erinnert Derrida immer wieder an die Insistenz der Wiederkehr der Geister, die es als solche, als Gespenster zu erkennen gilt, da der »aufgeschobene und unterschiedene Geist« in keiner seiner Verleiblichungen endgültig ankommen beziehungsweise die »différance« auslöschen kann, die »jedes Kalkül, jeden Zins und jedes Kapital« (MG 215) zunichtemacht.

Das »unauslöschliche Kennzeichen des Marxschen Erbes« – und einer Erfahrung des Erbens überhaupt[78] – bleibt für Derrida das Leben im Unverfügten einer Zwischenposition, die das Zukünftige als das *»Messianische«* (ohne Messianismus) einer »Gerechtigkeit ohne Normen oder juristisch-moralische Vorstellung« (MG 54) und auch ohne Rache offen hält, eine Vorstellung, die jenseits von Spukgeschichten des Opiums fürs Volk eine ethische Basis für das wiederentdeckt, was sich Derrida nicht scheut als das »Religiöse« zu bezeichnen:

> »Das Religiöse ist also nicht ein ideologisches Phänomen oder eine gespenstische Produktion unter anderen. Einerseits gibt es der Produktion des Gespenstes ihre ursprüngliche Form [...]. Andererseits [...] formt das Religiöse auch, zusammen mit dem Messianischen und dem Eschatologi-

schen, [...] jenen ›Geist‹ des emanzipatorischen Marxismus, dessen Verfügung wir hier erneut bekräftigen, so verborgen und widersprüchlich sie auch erscheinen mag.« (MG 261)

1994 traf sich Derrida unter anderem mit Hans-Georg Gadamer und Gianni Vattimo zu einer Tagung auf der Insel Capri, um diesem Phänomen der Religion unter dem von Hegel übernommenen Titel »Glauben und Wissen« weiter nachzugehen. Es geht um das Moment des Glaubens, aus dem sich das Denken des Kredits, der Treue, des Treuhänderischen herleitet, und um das Moment des Heiligen, das auf Heilen und Gesunden verweist, denen Derrida seine Vorstellung eines »Messianistischen ohne Messianismus« gegenüberstellt.[79] In diesem von konkreten Glaubensinhalten und -dogmen abgelösten Moment der »Bindung« an eine Erwartung von Zukunft gibt das Religiöse dem gesamten sozialen Bereich einen Glauben an die Glaubwürdigkeit, der gerade für die Wissenschaft und speziell in ihren technischen beziehungsweise medialen Auswirkungen unverzichtbar ist. In dem, was man heute die »Rückkehr des Religiösen« nennt, sieht Derrida so eine Reaktion auf die Veränderungen der Raum- und Zeitverhältnisse durch telematische Kommunikation, durch »Wissenschaftstechnik« und »Fernwissenschaftstechnik«[80]. Durch diese »Erfahrung der Bezeugung« sieht Derrida schließlich die Möglichkeit gestärkt, jenes Moment des Glaubens an die Aufrichtigkeit mit dem des Heilen, Geborgenen, Heiligen zusammenfließen zu lassen[81] und somit der Erfahrung des Religiösen ihre Bedeutung für die messianische Erwartung von Gerechtigkeit zu geben.

Der Zusammenhang von Gerechtigkeit und Verantwortung beschäftigt Derrida auch in seiner späteren Phase. Dem schon genannten Thema der Todesstrafe wendet er sich in seinen Vorlesungen 1999–2001 zu, nachdem er in den Jahren zuvor 1997–1999 Fragen der Lüge, des Meineids und des Vergebens behandelt hatte.[82] Die Lüge hatte ihn schon vorher beschäftigt, wenn es um den Status der poetischen, fiktionalen Rede ging oder um mediale Berichterstattung. Jetzt konzentriert sich sein Interesse auf die Dimension ethischer, rechtlicher und politischer Verantwortung als »Problematik des Zeugnisses, im Gegensatz zum Beweis«[83] – eine Problematik, die schon bei der medialen Diskussion des Rodney-King-Falls (King war von Polizisten schwer misshandelt worden, die ein Jahr später freigesprochen wurden), aber auch bei der Einordnung des Aussagecharakters von Dichtung bei Celan eine Rolle gespielt hatte. Der gesamte Komplex dieser Problematik wird in Derridas Interpretation des Romans *Der Meineid* von Henri Thomas neu entfaltet, in dem es um einen belgischen Germanisten geht, der seine Familie verlässt, um in Amerika einen Roman über Hölderlin zu schreiben, der dort heiratet, aber seine alte, bestehende Ehe in Belgien verleugnet, also einen Meineid leistet. Der Roman basiert auf der Lebensgeschichte Paul de Mans und stellt für Derrida damit eine Wiederbegegnung mit der alten Affäre um die verleugneten rechtsnationalen Publikationen des Weggefährten vor dem Kriege dar, – diesmal ein Fall von Blindheit und Einsicht, der auf Bigamie beruht und ihm die Frage stellt, ob man aus Vergessenheit heraus lügen kann.

Schon in den Gesprächen mit Elisabeth Roudinesco nimmt das Thema der Todesstrafe einen breiten Raum ein,[84] in den auch auf Deutsch veröffentlichten Vorlesungen ist die Argumentation detaillierter nachvollziehbar. Wie schon in den darauffolgenden Vorlesungen über das Verhältnis von Mensch und Tier beginnt Derrida damit, sich zu fragen, ob die Institution der Todesstrafe etwas dem Menschen Eigentliches darstellt. Zumindest schreibt sich die Todesstrafe in eine Geschichte von Techniken ein,

> »Techniken im Bereich der Polizei, des Kriegswesens und des Militärs, aber auch auf dem Gebiet von Medizin, Chirurgie und Anästhesie –, um die sogenannte Kapitalstrafe zu verabreichen« (TST 25).

Genau dieses Phänomen der Strafe, der Sühnung eines Vergehens, kennt das Tier nämlich nicht. Doch der Mensch kennt auch die Vergebung, und genau an dieser ethischen Grenze von Reue und Nachsicht stellt sich das Problem: »die Sanktion für das Nichtvergebbare, das Unsühnbare, das ist die Todesstrafe« (TST 32).

Die Fälle, die Derrida interessieren, sind nun aber nicht diejenigen der Exzentrizität menschlicher Monster, sondern solche, in denen sich die Macht des politischen Souveräns gegenüber seinen ihm widersprechenden Untertanen als Macht über ihr Leben äußert, wie im Falle der Hinrichtung von Sokrates, von Jesus, von Al-Hallādsch und von Jeanne d'Arc. Damit dekonstruiert Derrida die politische Legitimität des Todesurteils als Strafe für eine unverzeihliche Übertretung und enthüllt ein Motiv der Grausamkeit, das die Dichter von Baudelaire bis Genet gerade als Heiligkeit der Übertretung verklärten, das aber von der Staatsmacht durch die Technifizierung des Tötens – Derrida erinnert an die Feier der Guillotine »als sichtbare Manifestation einer Philanthropie« (TST 273) – nur noch grausamer gemacht wird als selbst unmenschlicher Mechanismus des Tötens. Es bleibt der unauflösbare Gegensatz bzw. die Antinomie, dass der Staat sich als Strafe für die Übertretung des Verbots der Tötung selbst diese Übertretung vorbehält – aber im Namen von Gerechtigkeit. Genau diese Differenz zwischen Töten als privater Rache und Töten als öffentlicher Gerechtigkeit provoziert Derrida:

»Nun wird die Unterscheidung zwischen Rache und Gerechtigkeit prekär. Der einzige Unterschied, der bleibt, trennt nur zwei Verurteilungs- und Hinrichtungsmächte, eine individuelle oder familiale oder tribale Macht einerseits, und eine Staatsmacht andererseits. Unter den zahlreichen entscheidenden Konsequenzen, die aus dieser Analyse zu ziehen sind, gibt es folgende: Einerseits ist die Rache *bereits* eine Gerechtigkeit, die Gerechtigkeit ist *noch* eine Rache, und das gestattet sowohl die Übertretung der wilden Rache und der Selbstverteidigung, als auch umgekehrt und andererseits den Diskurs zugunsten der Abschaffung der Todesstrafe, der die Todesstrafe für einen barbarischen Mord hält.« (TSR 321)

Politik der Freundschaft und Gastfreundschaft

Freundschaft spielte im Leben, aber auch in der politischen Theorie Derridas eine bedeutende Rolle, wie sich in den Überlegungen ablesen lässt, die nahezu zwei Jahrzehnte vor Erscheinen der *Politik der Freundschaft* 1994 die Seminare Derridas beherrschten und die sich um Fragen der Nation, des Nationalismus, des Theologisch-Politischen, des philosophischen Verhältnisses von Juden und Deutschen, generell des Anderen und speziell der Erfahrung des Geheimnisses, des Zeugnisses und der Verantwortung drehten. »O meine Freunde, es gibt keinen Freund« (PF 17) – mit diesen Worten beginnt Derrida sein Buch über die Politik der Freundschaft. Derrida bezieht sich dabei auf Montaignes Essay *Über die Freundschaft*, der seinerseits Aristoteles zitiert. Die Antinomie zwischen Aussage und Ansprache führt sogleich mitten hinein in die »Abgründe der Zurechenbarkeit« (PF 14), mit denen man es bei diesem

Thema zu tun hat, in die grundlegende abendländische Problematik der Freundschaft als Frage einer Rückbindung an das Politische, den Staat, die Familie und den thematischen Komplex der Abstammung sowie des Geschlechts.

Der Satz des Aristoteles, der von Derrida in jedem Kapitel neu aufgegriffen wird, markiert so etwas wie einen Weg über die begrifflichen Abgründe, Verirrungen, Verwerfungen, die sich für Derrida aus der ursprünglichen doppelsinnigen Einsicht ergeben, dass nämlich Freundschaft immer eine aufgegebene Möglichkeit bleibt, die andererseits erst in actu, das heißt im Zeugnis realer Ereignisse, bekundet wird. Insofern bezieht er sich auf die verschiedenen Versuche einer Bestimmung des Terminus seit Platon und Aristoteles, um ihn hinsichtlich der ethischen und politischen Spannung zwischen Anspruch und Wirklichkeit zu hinterfragen. Auf diesem Wege streift Derrida in der Nachfolge Montaignes vor allem die Wegmarken der kantischen Ethik, der Umwertung aller Werte durch Nietzsche und Freud, um sich im 20. Jahrhundert auf die totalitären oder dezisionistischen Ansätze von Carl Schmitts *Theorie des Politischen* und Heideggers Fundamentalontologie zu konzentrieren.

Die Anfänge einer Politik der Freundschaft sind für Derrida in der griechischen Antike zu suchen. Der Kontext, in dem sich so etwas wie Freundschaft abzeichnet, ist ein ökonomischer im ursprünglichen Sinne des Bei-sich- oder Zu-Hause-Seins (griech. *oikos* ›Hausgemeinschaft‹). Er bereitet der Erscheinung des Freundes ihren Ort, der aber auch zu einem solchen der gespenstischen Wiederkehr werden kann. Zwei Erscheinungsweisen sind nämlich von Anfang an für den Freund charakteristisch: In seiner Funktion als *idealer Doppelgänger* kann er als »der selbe oder der andere« (PF 21) auftauchen, wobei die Frage nicht nur ist, *was* ein Freund ist, sondern auch, *wer* ein Freund ist. Und schon hier offenbart sich eine entscheidende

Grenze, nämlich die zwischen Liebe und Freundschaft, die gleichermaßen für das Verhältnis des Ähnlichen und des Unähnlichen zu gelten scheint. Damit wird auch schon die Dimension des Politischen in der Freundschaft berührt, die im antiken Denken immer auf eine Aktivität verweist. Der Freund ist der, der liebt, bevor er zum Geliebten wird, er bestimmt sich nicht als das Liebenswerte, sondern die Freundschaft erschließt sich im griechischen Sinne der *philia* vom Subjekt her als aktives Lieben und in diesem Sinne als politischer Akt der Herstellung von Freundschaft:

> »Der eigentliche politische Akt oder die eigentliche politische Handlung bestehen darin, soviel Freundschaft wie möglich zu stiften (hervorzubringen, herzustellen etc.). [...] Sie ist ein Akt, bevor sie eine Situation ist, der Akt dessen, der liebt, eher und früher als der Zustand dessen, der geliebt wird. Zuerst eine Handlung, erst dann eine Passion.« (PF 27)

In der antiken Freundschaft wird also bewusst der geliebte Gegenstand ausgeblendet und vielmehr ein Kult der *energeia*, des energetischen Prinzips, betrieben. Derrida bemerkt daher schon hier, dass die abendländische Verständnisweise von Freundschaft einer androzentrischen Struktur gehorcht: Das Modell des Freundes ist der Bruder, das heißt der andere Mann unter Ausschluss der Frau, der Schwester. Mit der Fixierung auf den Wert der Aktivität kommt aber eine Zeitstruktur ins Spiel, die das Vertrauen, die Treue, den Glauben und das Zutrauen, den Kredit einer ständigen Probe, als Entscheidung einer Prüfung, unterwirft, ohne eine letzte Gewissheit zu verbürgen. Hier zeigt sich die grundlegende Aporie der Freundschaft als Möglichkeit, die sich nur in actu, in der konkreten Situation unter Beweis stellt, damit aber per definitionem etwas anderes als reine Möglichkeit ist. Derrida konstatiert dies als Bruch zwischen zwei grundsätzlich heterogenen Ordnungen, einerseits der Berechenbarkeit einer sicheren Gewissheit und Zuverlässigkeit und andererseits einer Ungewissheit des Vertrauens oder der Glaubwürdigkeit eines Versprechens, ein »Bruch mit der berechenbaren Zuverlässigkeit, den Sicherheiten der Gewissheit«, der »von der Struktur des Vertrauens oder des Glaubens als Glaube selbst vorgeschrieben« wird. (PF 39)

Die Anrede »O Freunde« weist eher einen Appellcharakter auf, der das beschwört, was er als nicht gegeben bemerkt. Die latente Botschaft ist für ihn folglich eine Aufgegebenheit, die Anrufung eines »vielleicht« als Möglichkeit eines kommenden Freundes, den es hervorzubringen gilt. Die konstative Verneinung eröffnet also performativ, als Äußerung eines Wunsches, die Chance einer *Gabe*, die jenseits der Berechenbarkeit dem Ankommen des Freundes im Glauben Raum gibt. Reine Freundschaft bewahrt sich allein jenseits der Verpflichtung zur Gegengabe, im Schweigen zwischen den Freunden, in einer Gemeinschaft ohne Zwang zum Bekenntnis einer Gemeinschaft. Das Ideal der möglichen Freundschaft gipfelt also in einer Liebe, die der Habsucht des Besitzes enträt und vor allem mit einer Konsequenz des Äquivalenzprinzips bricht, nämlich der Äquivalenz von Recht und Rache, wie sie Nietzsche analysiert hat, um im Sinne eines Verzichts auf Aneignung »in die Richtung jener anderen ›Liebe‹ [zu] weisen, von der Nietzsche zuletzt behauptet: ›Ihr wahrer Name ist Freundschaft‹« (PF 100).

Diese andere Liebe der Freundschaft stellt also nicht den Normalfall sozialer Beziehung dar, sondern ereignet sich in einer Folge von wiederkehrenden Zufällen, ja Unfällen. Sie verdankt sich mithin dem Ausnahmezustand, in dem sich der Freund als Anderer, als absolut Anderer in einer Weise offenbart, die zugleich zur Begegnung mit dem absolut Anderen in der eigenen Person wird. Damit wird der Grundtenor von

Derridas *Politik der Freundschaft* deutlich, nämlich eine Suche nach einem radikalen *ethischen* Grund der Freundschaft als politische Kraft jenseits eines subjektiven Selbstbewusstseins und einer kommunikativen Gemeinschaft. Es geht um die Erneuerung eines alten politischen Gedankens und zugleich um das paradoxe Bewusstsein, dass, sosehr es der Freundschaft von jeher bedurfte, es nie einen Freund gab, jedenfalls nicht im Sinne einer berechenbaren, abgesicherten Gegebenheit. Natürlich sieht auch Derrida die globalen Umwälzungen der sozialen Verhältnisse und das Schwinden an Gemeinschaftszugehörigkeit, eine »Erschütterung der Struktur oder der Erfahrung der Angehörigkeit und Zugehörigkeit selbst«, die Gattungsbegriffe wie »Religionsgemeinschaft, Familie, Ethnie, Nation, Heimatland, Vaterland, Staat, die Menschheit selbst« (PF 119) infrage stellt. Vor diesem Hintergrund formuliert Derrida sein Ideal von Demokratie durch Dekonstruktion: »keine Dekonstruktion ohne Demokratie, keine Demokratie ohne Dekonstruktion« (PF 156). Auch dieses Verständnis von Demokratie ist natürlich ein ethisch radikales, auf die Kraft des Sich-erst-Herstellens gegründetes und kann sich somit nicht auf die Sicherheit von Verfassungen und staatlichen Garantien berufen. Zugrunde liegt ihm der Gedanke der Verantwortung, wie ihn Derrida schon früher ausgeführt hat, nämlich als ein Aufgerufensein dazu, dem anderen Rede und Antwort zu stehen, und zwar im unvorhersehbaren Augenblick des Anspruchs. Diese Verantwortung appelliert an ein inneres, jeden betreffendes Recht auf die Frage, die Kritik, die Dekonstruktion, das aber auch eine Pflicht impliziert, sich dieser Grenze zwischen dem Bedingten und dem Unbedingten auszusetzen:

> »Es ist diese Grenze, die dem Motiv der Demokratie selbst, seit den Anfängen, eine selbstdekonstruktive Kraft einbeschrieben hat: Die Möglichkeit, ja die Pflicht der Demokra-

tie, sich selbst zu de-limitieren: ihre Grenzen nicht sowohl festzusetzen und aufzuzeigen als vielmehr auszusetzen, zu ent-grenzen.« (PF 156)

Dieses emphatische Verständnis von Demokratie, das im Moment des nicht berechenbaren, nur auf Vertrauen und Glauben gegründeten Ereignisses mit dem Gedanken der Freundschaft zusammenhängt, setzt nun Derrida selbst einer äußersten Grenze aus, indem er es mit der Idee des Politischen bei Carl Schmitt konfrontiert. Derrida ist sich bewusst, damit ein Beispiel gewählt zu haben, das durch die unbestrittene Nähe Schmitts zum Nationalsozialismus äußerst belastet ist. Was ihn aber an Schmitts Begriff des Politischen trotz seines erbittert konservativen, ja reaktionär traditionalistischen Gehaltes interessiert, ist seine Rückbindung an die Vorstellung des Feindes und an die Möglichkeit des Krieges. Für Schmitt ist das Politische undenkbar ohne die wechselseitig sich bestimmenden Gegensätze von Freund und Feind. Wo sich kein Feind mehr identifizieren lässt, kommt es zu einer politischen Orientierungslosigkeit, die erst wieder Handlungsfähigkeit gewinnt, wenn ein neuer Feind gefunden oder besser erfunden wird.[85]

Zur Bestimmung dieser Position des Feindes bedarf es aber der prinzipiellen Möglichkeit einer Auseinandersetzung mit ihm in Form des potenziellen Krieges. Schmitt unterscheidet hier in griechischer Tradition zwischen Krieg im eigentlichen Sinne und der Zwietracht als innerer Aufruhr oder Bürgerkrieg. Nur in Ersterem sieht er die Kategorie des Feindes als immer äußeren Feindes markiert, während die Binnenordnung von einer Gleichheit der Brüder – und natürlich wieder nicht Schwestern – beherrscht wird. Hier setzt Derrida mit seinem Bedenken an, das an die ständige Abgrenzung des Politischen und des Demokratischen auch nach innen hin gemahnt. Die Ausdifferenzierung des Freund-Feind-Schemas geschieht schon in der ursprünglichen Form des Bruderzwistes, der Möglichkeit, den anderen zu töten, und der Außerkraftsetzung dieser Möglichkeit durch Liebe und Freundschaft. Die Vorhandenheit des Krieges als reale Möglichkeit sieht Derrida schon in dem gegeben, was er mit Freud den »Todestrieb« nennt, dessen Kraft sich im Ausnahmefall des Kampfes und der Tötung offenbart.

Für Derrida erschließt sich – im Sinne einer jüdisch-biblischen Tradition – die radikale Form einer absoluten Feindschaft nur gegenüber der Figur des Bruders. Diese von Schmitt ausgeschlossene Form innerer Feindschaft sieht Derrida zugleich in dessen Denken in Gestalt des Partisanen wiederkehren (vgl. PF 169). Und als solche ist es eine gespenstische Wiederkehr der Überschreitung von Regeln und Grenzen des Kampfes, die Derrida zugleich in Verbindung bringt mit einem Anwachsen des Technischen im Krieg, vor allem einer wachsenden Geschwindigkeit durch »Motorisierung« (PF 195). Diese Frage der Technik, die Derrida mit dem durchaus ähnlich wie Carl Schmitt denkenden Heidegger stellt, betrifft eine neue Erfahrung des Ortes im Sinne einer Entortung der Positionen von Freund und Feind. Diese Probleme werden aber bei Schmitt gerade nicht aufgegriffen beziehungsweise durch einen Rückbezug auf die tellurischen Kräfte der Erde umgangen, die aber nur das Wiedergängertum gespenstischer Formen von Freund und Feind verstärken.

In seinen Ausführungen zu einer Ethik der Gastfreundschaft erinnert Derrida auch an die etymologische Ambivalenz des lateinischen Wortes *hostis*, das sowohl »Gast« als auch »Feind« bedeuten kann und somit im Französischen Anlass zu zwei Assoziationsketten bildet: »der Fremde (hostis), der als Gast oder als Feind empfangen wird« und somit auf »Gastfreundschaft (hospitalité)« oder auf »Feindschaft (hostilité)« stoßen kann, der Derrida noch die »Gastfeindschaft (hostipitalité)« (GA 38) hinzufügt. Grund für diese polemische Prägung ist die Tatsache, dass die abendländischen Gesetze der Gastfreundschaft virtuell fremdenfeindlich sind, da sie den ankommenden Anderen nur nach Maßgabe einer Identifizierung durch seinen Namen, seine Familienzugehörigkeit, seinen sozialen Status, seine Personalien Gastrecht einräumen. Derrida fordert hier rückhaltlos eine »unbedingte«, »absolute Gastfreundschaft« (GA 27), die dem unbekannten, anonymen und zu nichts verpflichteten Fremden das Haus öffnet als »Gesetz ohne Imperativ, ohne Befehl und ohne Pflicht« (GA 64).

Derrida hatte diese radikale Anerkennung des Fremden schon im Kontext der Rezeption von Lévinas' Begriff des Seins als Gastlichkeit gefordert, denn »Gastlichkeit ist entweder unendlich, oder sie ist nicht« (AD 69). Konkret aber wird das Problem dort, wo kulturelle, nationale, rassische Hegemonialvorstellungen zu einer Xenophobie führen, wie sie Derridas Hinterfragung einer kulturellen Identität Europas als »das andere Kap« des eurasischen Kontinents berührt. In den großen Diskussionen der 1990er-Jahre um die Angst vor Überfremdung und die Möglichkeit der Grenzschließung nimmt Derrida eine klare Position für die Pflicht ein, dem europäischen Gedächtnis dadurch zu dienen, dass man den Fremden nicht nur aufnimmt, sondern auch seine Andersheit anerkennt (vgl. DAK 56). Im Sinne dieses unbedingten Asylrechts ohne Assimilierungszwang engagiert er sich auch für die 1995 ins Leben gerufene europäische Initiative zur Gründung von »Fluchtstädten« für politisch verfolgte Schriftsteller und bekräftigt in diesem Zusammenhang noch einmal seine Forderung nach einer uneingeschränkten Öffnung der Grenze und Pforten ohne Ansehung der Person. Jedes Selbstsein oder Bei-sich-selbst-Sein, jede Vorstellung von Zuhause oder Heimat muss so immer schon die Aufnahme des Anderen miteinschließen, wobei über die Grenze zwischen unbedingter und geregelt begrenzter Gastfreundschaft (wie sie Derrida am Beispiel von Kants allgemeinem Besuchsrecht des öffentlichen Raums diskutiert) im Raum der Geschichte neu zu verhandeln ist.[86]

Derrida, der als französischer Jude in Algerien geboren und aufgewachsen ist, konnte diese differenzielle Dimension der Gastfreundschaft aus autobiografischer Sicht zutiefst nachvollziehen, da er weder in der Sprache und Kultur seines arabischen Geburtslandes verwurzelt war noch in der seiner Nation, von deren Bildungssystem er sogar unter der Vichy-Regierung als Jude ausgeschlossen wurde. Aber in dieser Entfremdung kommt eine Grunderfahrung des Zu-Gast-Seins in der eigenen Sprache zum Tragen, die einem nie gehört, sondern immer ererbt ist. Unter dem vorderhand rätselhaften Titel *Die Einsprachigkeit des Anderen oder die ursprüngliche Prothese* bringt Derrida diesen »Kolonialcharakter« aller Kultur (EA 46) zum Ausdruck, dem zufolge man nur eine Sprache hat, die immer die des Anderen ist und mit der man sich wie mit Prothesen fortbewegt. In dieser Hinsicht sind für Derrida eine Politik der Freundschaft und eine Politik der Übersetzung affine Themen, in denen es darauf ankommt, nicht mit Berechnung Macht auszuüben, sondern dem Anruf der Stimme des Anderen als des Freundes Gehör zu schenken. Und insofern ist die messianische Erwartung, dem unverfügbaren Kommen der Freundschaft einen Raum einzuräumen, einen Raum, der nicht auf Gewissheit, sondern auf Vertrauen gegründet ist, auch die Basis für die Ankunft der Demokratie:

»Denn die Demokratie bleibt künftig, bleibt im Kommen, bleibt, indem sie kommt, das ist ihr Wesen, sofern sie bleibt: [...] Ist es möglich, die Offenheit für das ›Komm‹ einer bestimmten Demokratie zu eröffnen und offenzuhalten, die nicht länger ein Hohn auf jene Freundschaft wäre [...]?« (PF 409)

Auch im Zusammenhang einer späteren Intervention zur Frage des Judentums, in der Derrida sich aufgrund seines persönlichen entwurzelnden und universalisierenden Bruchs mit der Tradition in bewusst doppeldeutiger Weise als den »Letzten der Juden« bezeichnet, spricht er vom »Zusammenleben [*vivre ensemble*]« (der Juden miteinander und mit den Nichtjuden, vor allem, was seine eigene Erfahrung in der Jugend angeht, mit den Arabern) nur im Zeichen einer gewissen Unmöglichkeit bzw. Aporie: Zusammenleben gebe es ihm zufolge nur im Bruch mit den alten abendländischen und metaphysischen Begriffspaaren, die auf Natur, Geburt, Blut oder Boden einerseits, auf Konvention, Vertrag oder Institution andererseits rekurrieren, d. h. nur, »indem man über all das hinausginge, das sich auf diesen Gegensatz Natur/Kultur gründet«[87].

Letztlich kehren all diese Überlegungen nach einem Recht ohne Machtposition weder dank eines Naturrechts noch dank einer Konvention zur grammatologischen Ausgangsfrage einer Unentscheidbarkeit der Supplementarität der »différance« zurück, um mit dem politischen Akzent der kommenden Demokratie, der »vertagten Demokratie« (DAK 81), zugleich dem virtuell Messianischen Rechnung zu tragen. Ein Recht, das sich durchsetzen kann, ohne sich auf eine Macht zu berufen, erscheint bei Licht betrachtet unmöglich. Aber genau darauf kommt es Derrida immer wieder an, die Möglichkeit des Unmöglichen kraft eines Akts des Glaubens, um zugleich vor der Unmöglichkeit des kalkulatorischen, technisch Möglichen zu warnen. Und hier kommt dann doch ein Denken der Utopie ins Spiel, allerdings unter allen Vorbehalten eines Konjunktivischen, mit dem Adorno die Möglichkeit des Träumens gegen falsche Versprechen zu schützen suchte und zu dem sich Derrida in seiner Dankesrede zum Adorno-Preis der Stadt Frankfurt zu bekennen vermag.[88]

Die größte Gefahr sieht Derrida im Machtmissbrauch als

»Grundlage aller Souveränität« (SU 142), weshalb er auch der Perspektive einer überstaatlichen Universaldemokratisierung gegenüber skeptisch bleibt. In seinem letzten zu Lebenszeiten publizierten Buch über den von der amerikanischen Politik gegen den internationalen Terrorismus eingeführten Begriff vom »Schurkenstaat« analysiert Derrida in diesem Sinne die Unmöglichkeit eines substanziellen Freund-Feind-Schemas: Die USA und ihre Verbündeten missbrauchen ihre Macht und entpuppen sich selbst als »Schurken«, weil sie im Namen eines Rechts des Stärkeren selbst erst bestimmen, wer ein Schurke ist. Aber das Rad der Geschichte dreht sich und lässt – wie die jüngste Geschichte des Irakkriegs zeigt – denjenigen zum Schurken werden, der gegen Schurken kämpft.

Gegen die Verkennung der Souveränitätsstruktur fordert Derrida so in einem messianischen Demokratiebegriff eine Freiheit, die wie beim rotierenden Rad »Spiel« hat, »Spielraum« gewährt (SU 45), ein Bild, das schon die Figuren der Chora, des Intervalls, der Verräumlichung, vor allem aber der »différance« beherrschte. Insofern – so Derridas politisches Vermächtnis – muss eine wirkliche Demokratie »differantiel« (SU 62) sein, eine kommende Demokratie, an die man allerdings in der Weise eines »irreligiösen Glaubens« (SU 219) – glauben muss.

Von den Enden, von den Grenzen her denken

Mensch-Sein und Tier-Werden

Erst einer nachträglichen Lektüre erschließt sich, in welchem Maße die Auseinandersetzung mit der Frage nach dem Tier das Denken Derridas beherrscht hat. Um Grenzen und die Überschreitung dieser Grenzen ging es ihm schon immer: um die Grenzen oder Enden der Bestimmung des Menschlichen schon in der ersten großen Tagung zum Werk von Derrida in Cérisy-la-Salle 1980 (*Les fins de l'homme*), um die Überschreitung der Grenzen bei der Tagung von 1992 (*Le passage des frontières*), 1997 schließlich direkt um die animalischen Wurzeln des Lebens selbst des Subjekts (*L'animal autobiographique*). Zugespitzt ging es um die Frage, inwiefern das Beschreiben des eigenen Lebens beim »Mensch« genannten Tier nicht auch ein Beschreiben seines Lebens als Tier darstellt: Das autobiografische Tier sollte zum Sinnbild für eine Rückbesinnung des Menschen auf seine Geschichte werden, die ihn aus den Wurzeln seiner Tierheit herausführt, diese jedoch gleichzeitig vergessen lässt. Dafür steht der Titel des erst zwei Jahre nach seinem Tod publizierten letzten Buches Derridas in seiner sprachlichen Doppeldeutigkeit: *L'animal que donc je suis* kann heißen: »Das Tier, das ich also bin« (so der Titel der 2010 erschienenen deutschen Übersetzung) oder »Das Tier, dem ich also folge« als andere Lesart des *suis*, wobei das etwas steife »donc (also)« unverkennbar auf die berühmte Formel Descartes' anspielt: »Ich denke, also bin ich«.

Tiere gehen uns an, wie Derrida immer wieder in seinen Ausführungen wiederholt, wobei auch hier der französische Ausdruck doppeldeutig ist. Das *nous regardent* bedeutet gleichzeitig »schauen uns an« und »gehen uns an« – in Doppelsinn, der für Derridas Argumentation immer wieder tragend wird, denn es ist nicht nur die Verantwortung für die Tiere, was ihn umtreibt, sondern auch der Blick des Tiers: das Angeblickt-Werden, wie in der einleitenden Anekdote der Begegnung des Autors mit seiner Katze im Badezimmer, er nackt und schamvoll, das Tier im Pelz und ohne Vorbehalte. Diese Entblößung vor dem stummen Blick des Tieres wird zur Urszene einer schon im Zusammenhang des früheren Themas der *Apokalypse* problematisierten radikalen Enthüllung von Wahrheit, einer (mit der von Heidegger pointierten Etymologie von griechisch *aletheia* gesprochenen) Wahrheit als Unverborgenheit, die vielfältigen Bedrohungen und Erschütterungen durch diese Erfahrung der Grenze des Menschlichen angesichts des Unmenschlichen, Inhumanen als Enden des Menschen ausgeliefert ist. In diesem nackten, dem Blick des Tieres Ausgeliefertsein wird Derrida bewusst, dass das Tier da vor ihm auch genealogisch vor ihm als Mensch vorkommt, der ihm in der Evolution folgt:

> »Und von diesem Da-vor-mir-sein/Da-sein-vor-mir (*être-là-devant-moi*) her kann es sich anblicken lassen, zweifellos, aber – die Philosophie vergißt es vielleicht, sie wäre sogar dieses kalkulierte Vergessen – es kann auch mich anblicken. Es verfügt über einen ihm eigenen Blickpunkt auf mich. Der Blickpunkt des absolut Anderen, und nie wird mir diese absolute Andersheit des Nachbarn oder des Nächsten je so zu denken gegeben worden sein als in jenen Momenten, in denen ich mich im Blick einer Katze nackt erblickt sehe.« (DT 30)

Diese Erfahrung des sehenden Tieres wird von Philosophen wie Descartes, Kant, Heidegger, Lacan und Lévinas, die Derrida exemplarisch untersucht, in ihren theoretischen Überlegungen nicht in Betracht gezogen, ja sogar verleugnet und verkannt. Es ist aber nicht ein Mangel an Aufmerksamkeit, sondern diese Verleugnung »instituiert das Eigene des Menschen, den Selbstbezug einer Menschheit, die zunächst um ihr Eigenes besorgt und auf es eifersüchtig ist.« (DT 35)

Zugleich behält sich der Mensch, paradigmatisch in der Urszene der biblischen Genesis, das alleinige Recht der Benennung, der Namensgebung für die Tiere vor, die ihrerseits zur Stummheit, zur Sprachlosigkeit verdammt werden. So lässt er das Tier zu einer *Chimäre* werden, eine Montage als ein Monstrum wie die Chimären der griechischen Mythologie mit ihren disparaten Komponenten des Löwen, der Ziege und der Schlange. Aber auch Descartes' Tier-Maschine ist eine solche Konstruktion, die jede Affinität zum Menschen unmöglich machen soll.

Es geht bei der Frage nach dem Tier also um *Grenzen* als *Ausgrenzung*, die Derrida mit ihrer Unhaltbarkeit konfrontiert, mit ihrer imminenten Tendenz der Überschreitung in der »transgressiven Erfahrung einer ›Limitrophie‹« (DT 55). Das Kunstwort »Limitrophie« soll etymologisch dabei die Erfahrung der Grenze mit den diese nährenden Kräften verbinden, um eine Auflösung der Oppositionen, eine Durchlässigkeit von Grenzbestimmungen, ein Ausfransen von Trennungslinien und Ordnungen zu bewirken.

Hinter dieser Definition verbirgt sich natürlich Derridas Konzept der Dekonstruktion, das auch in diesem Kontext der Tier-Mensch-Opposition eine frontale oder antithetische Darstellung des Konflikts vermeiden will. Schon beim Tier selbst, dessen allgemeine Gattungsbezeichnung Derrida schlichtweg eine »Dummheit« (französisch *bêtise*, abgeleitet von *bête*, dem anderen Wort für Tier) nennt (DT 58), wird die begriffliche Positionierung zu vermeiden sein: In Derridas Buch geht es also nicht um das Tier und um »das« Tier schon gar nicht, allenfalls um Tiere, aber nicht als konkrete Wesen, die in Haus und Hof umherstreifen, im Stall ihren Dienst für die Ernährung der Menschen versehen oder in Feld, Wald und Wiesen oder gar Wildnis nützlich oder schädlich sind. Es geht, wie gesagt, um Chimären, genauer um *Begriffs*chimären, die aus philosophischen Definitionen als Monster hervorgehen.

Wenn Derrida also von Tieren spricht, was auf Französisch *animaux* heißt, dann liest er diesen Begriff, dieses Wort sogleich homophon als den Neologismus »*animots*/Tiere-Worte« (DT 68). Und wenn er in diesem Sinne danach fragt, was für Worte sich die Philosophen ausgedacht haben, um die Stummheit auszufüllen, die sie durchweg dem Tier auferlegt haben, dann will er nicht in einem falsch verstandenen Sentimentalismus dem Tier das Wort samt einer Sprache zurückgeben, sondern die mit dieser Abwesenheit des Wortes sich ergebende Situation, oder besser gesagt: die im Ausbleiben einer Antwort und damit von der Sprache unbesetzte Seinsdimension neu und anders bedenken:

> »Es würde nicht darum gehen, den Tieren ›das Wort zurückzugeben (*rendre la parole*)‹, sondern vielleicht darum, zu einem Denken zu gelangen, das, so chimärisch oder fabulös es auch sein mag, die Abwesenheit des Namens oder des Wortes anders denkt, und anders denn als ein Entbehren / eine Beraubung (*privation*).« (DT 80)

Das Tier ist stumm, ist der Sprache als sinnstiftende Symbolordnung beraubt, hat, weil es nicht antwortet, auch keine Verantwortung. Ihm mangelt in diesem Sinne das Bewusstsein jenes »ich« (*je*), das in der Titelformulierung des Buches anklingt. Es stellt sich nicht die Frage nach dem, was ich bin, weshalb es im cartesianischen Kosmos in der Welt des Mechanischen verbleibt. Es hat im Sinne der Psychogenese Lacans keine Bildung des Ich durch ein Spiegelstadium, was Derrida mit dem Hinweis anzweifelt, dass z. B. eine Katze »ein anderes Lebewesen seiner Art als seinen Nächsten oder als Seinesgleichen identifiziert« (DT 95). Unfähig aber zur »Autodeiktizität« (DT 143), dem Zeigen auf sich selbst, dem unvordenklichen Augenblick des Denkens seines Selbst als Ich-Selbst, wird das Tier als stummes und dummes Wesen auch noch zur bloßen Maschine herabgewürdigt. Aber dieses von Descartes heraufbeschworene Gespenst ist im Grunde genommen nichts anderes als das Spiegelbild des Menschen, »das maschinenhafte Simulakrum des ›wahren Menschen‹, d.h. der gespenstische Mensch als Tier-Maschine« (DT 116).

Die Herrschaft des Menschen, genau genommen des Mannes, der sich nicht nur durch seinen Logozentrismus und Phallogozentrismus, sondern auch als Fleisch fressende Machtfigur durch seinen »Karnophallogozentrismus« (DT 155) behauptet, basiert auf der Unterwerfung, der Schwächung des Tieres. Ja, Derrida geht sogar so weit zu behaupten, dass die Sozialisierung der menschlichen Kultur mit der Zähmung, Bändigung, Domestizierung der Tiere als Vieh einhergeht, es gebe »keine Sozialisation, keine politische Konstituierung, keine Politik ohne ein Prinzip der Domestizierung des wilden Tiers« (DT 145). Vor allem aber ist es Derrida daran gelegen zu zeigen, dass selbst solche Denker wie Lévinas oder Lacan, die von einer Brechung des abendländischen Subjekts in seiner Autonomie durch die Begegnung mit dem Anderen oder dem Unbewussten ausgehen, dennoch an der Anerkennung des Tieres scheitern. Lévinas' »Besessenheit vom Anderen und von seiner unendlichen Andersheit« (DT 159) betrifft nur den Daseinsbereich menschlicher Wesen. Im Reich der Tiere fällt für ihn die Vorstellung vom Anderen aus, denn das Tier hat seiner Meinung nach kein Antlitz und folglich auch keine Ethik. Auch Lacan betont die evolutionäre Beschränktheit des Tieres, das in seinem Sinne im Imaginären verhaftet bleibt und den Übergang zum Symbolischen nicht vollziehen kann. Dafür sind ihm aber auch das Böse, die Lüge oder die Täuschung unbekannt: Es kann keine falsche Fährte legen oder mit den Erwartungen des Anderen spielen.

Gerade die Auseinandersetzung mit Lacan stellt ein besonders spannendes Kapitel dieses Werks dar. Lacan hatte sich mit der Zeichengebung im Tierreich, z. B. durch den Tanz der Bienen, beschäftigt und sogar zugestanden, dass Tiere vortäuschen, aber nicht täuschen können, d. h. *vortäuschen, dass sie etwas vortäuschen*. Dazu müssten sie nämlich an der Signifikantenordnung der Sprache teilhaben. Doch diesen »humanistischen oder anthropozentrischen Dogmatismus« (DT 193) von Lacans Unterscheidung zwischen Vortäuschung im Sinne der tierischen Lockung bei der Jagd oder dem Imponiergehabe bei der geschlechtlichen Verführung und Lüge im moralischen (oder, im Sinne Nietzsches, auch außermoralischen Sinne) lässt Derrida, der sich in seinen Vorlesungen und einer speziellen Konferenz von 1997 ausführlich mit der *Geschichte der Lüge*[89] beschäftigt hat, nicht gelten: Er geht sogar davon aus,

> »daß es ziemlich schwierig, ja sogar unmöglich ist, zwischen einem Vortäuschen und einem Vortäuschen des Vortäuschens, zwischen der Fähigkeit zum Vortäuschen und der Fähigkeit des Vortäuschens des Vortäuschens zu unterscheiden.« (DT 193)

Indem er daran erinnert, dass er seit der *Grammatologie* den Begriff des Signifikanten durch den der Spur ersetzt hat, verweist er mit diesem Paradigma darauf, »daß *Spuren ziehen* darauf hinausläuft, *eine Spur* (die stets anwesend-abwesend ist) ebenso sehr *zu löschen* wie einzuprägen« (DT 195), was sich bei den rituellen Praktiken der Tiere beim Bestatten und Trauern zeige.

Mit diesem Thema ist Derrida bei einer weiteren und letzten Form der Ausgrenzung des Tieres angekommen: nämlich bei *Tod* und *Trauer*. Der im letzten Kapitel diskutierte Versuch Martin Heideggers, den Menschen anders als über die Kategorien von Selbst-Bewusstsein und Vernunft zu begreifen, wiederholt nur die gängigen Ausgrenzungsstrategien: Dass Tiere nicht sterben können, kein Bewusstsein des Todes haben, sondern – wie es in *Sein und Zeit* doppeldeutig heißt – »verenden«, war schon früher von Derrida in mehreren Zusammenhängen referiert und dekonstruiert worden. In Heideggers späterer Konzentration auf den Begriff der »Weltarmut« des Tieres, seinem mangelnden Verhältnis zu den Dingen als solchen und ihrer Zeitlichkeit, wird es wieder in den Stumpfsinn eines Maschinenwesens frei nach Descartes zurückgestoßen, dem jedoch der Mensch selbst sich nur scheinbar entrungen zu haben glaubt. Und so ist es kein Wunder, dass Heidegger, der sich immer gegen den metaphysischen Humanismus aussprach, ihn durch die Hintertür eines ethisch-politischen Anti-Biologismus wieder einführt.

Auffällig ist, dass Derrida in dieser letzten Publikation den Begriff einer »dekonstruktiven Strategie« (DT 221) – im Gegensatz zu früheren Distanzierungen gegenüber der ›Mode‹ der Dekonstruktion – durchaus affirmativ wiederholt. Seine Tier-Philosophie greift basale und brisante Fragen nach dem, was überhaupt Mensch genannt werden kann, auf dem dekonstruierenden Umwege über die Frage nach dem Tier auf, wobei Fragen, wie die danach, ob das Tier ›Zeit habe‹, völlig neue Sichtweisen eröffnen. Das *animot*, das Tier-Wort, wird gleichsam animiert wie ein Animationsfilm durch die Montage der in Jahrzehnten entwickelten dekonstruktivistischen Begriffe (der Spur, der Grenze, des Aufschubs, der Pfropfung, der Apokalypse, des Schleiers, der Gabe usw.).

Umgekehrt macht Derrida in den Verweisen und Exkursen

nur zu deutlich, wie lange schon Namen von Tieren seinen Diskurs behaust haben – in Gestalt des Affen, des Igels, der Ameise, des Wurms, der Seidenraupe. Das Neue am neuen Buch von Derrida ist also nicht ein Innovatives, sondern darin erweist sich der Autor ganz der Methode Heideggers verpflichtet im Sinne von dessen Betonung der *aletheia* als Unverborgenheit, um zur Nacktheit als Entblößung des Mensch-Seins vor dem Tier zurückzukehren. Wenn – wie Derrida angesichts der literarisch überdeterminierten Katze in seinem Badezimmer vermutet – das Denken des Tieres auf Dichtung hinausläuft, so ist dieses *Poietische* schlichtweg ein *Machen* im Sinne des *Sichtbar-Machens* von etwas, des Entbergens von etwas, was im Verborgenen schon da war. So versteht sich die Bescheidenheit des Dekonstruktivisten, der zu anderem durch Wiederholen gelangt.

Und so versteht sich Derrida nicht als Anwalt der gerechteren Welt einer Vegetarier-Liebe zum Tier, sondern als Aufklärer der impliziten Gewalt des Humanitären. Der Mensch missbraucht das Tier, um sich über dessen negative Bestimmung selbst zu erhöhen. Für die philosophischen Meister des Diskurses über die Grenzen von Anthropologie und Zoologie gilt aber Derridas Grundeinsicht:

> »Man begreift einen Philosophen nur, wenn man genau vernimmt und versteht, was er von der Grenze zwischen dem Menschen und dem Tier zu zeigen beabsichtigt, und was zu zeigen er in Wahrheit scheitert.« (DT 158)

Die von Derrida in seinem Vortrag von 1997 und in der Buchfassung von 2006 ausformulierten Gedanken zu einer Tierphilosophie entwickeln sich gerade in den letzten Jahren seiner bis 2003 ausgeübten Lehrtätigkeit auch in einem Seminar mit dem programmatischen Titel *Das Tier und der Souverän*. Viele Argumentationen werden in diesem Seminar weiter vertieft, materialreicher entfaltet und assoziativ weitergeführt. Eine Edition aller Seminartexte Derridas hat nun zuerst diese beiden letzten Seminare 2001–2002 und 2002–2003 zu diesem Thema publiziert, die jetzt auch auf Deutsch vorliegen (TS I und TS II).

Schon zu Lebzeiten vermachte Derrida sein Archiv der Universität von Irvine in Kalifornien. Den größten Teil der dort seit Mitte der 1990er-Jahre gesammelten Materialien machen die Aufzeichnungen zu den seit 1960 in Paris und seit 1968 an verschiedenen Universitäten der USA gehaltenen Seminaren aus. Der französische Titel *Seminar* ist insofern irreführend, als er in deutscher akademischer Tradition eher dem Vorlesungstypus entspricht. Derrida war jedoch bekannt dafür, dass er all seine Vorlesungen verschriftlichte und nachträglich gewissenhaft redigierte. Gemeint sind hier etwa 14 000 Druckseiten, die der Pariser Hausverlag Derridas, die *Editions Galilée*, in Zusammenarbeit mit der Universität Irvine seit 2008 begonnen hat, in einer auf 43 Bände geplanten Edition herauszugeben.

Die ersten beiden Bände der letzten Vorlesungen von 2001 bis 2003 verfolgen das Thema der biografischen Nachfolge des Menschen zum Tier allerdings in Richtung einer Hinterfragung des besonderen Verhältnisses von Bestialität und Souveränität. Anschließend an die Monografie *Das Tier, das also ich bin* zeigt Derrida in diesen Vorlesungen, wie tief ihn die Auseinandersetzung mit der Tierheit, genauer: der Tierhaftigkeit des Menschen, der im Sinne des französischen Wortes *bête* gedachten Bestialität, gerade im Zusammenhang mit Fragen des Selbstbewusstseins, der Sozialisierung und nicht zuletzt der Politik, d.h. der Bildung politischer Strukturen beschäftigt.

Er bleibt jedoch methodisch im Rahmen kulturwissenschaftlicher Analysen, die zwar Fragen nach dem Existenzrecht und der Anerkennung realer Tiere als Anderem unserer selbst aufwerfen, im Wesentlichen jedoch den symbolischen, den emblematischen, letztlich den sprachlichen Repräsentanzen des Tierartigen oder gewisser Tiere folgen. Insofern spielen auch die für die Übersetzung nicht unbedeutenden Schwierigkeiten mit den vielfältigen Sprachspielen im Französischen eine Rolle. Derrida benutzt hier bewusst nicht, wie in der Monografie, den Ausdruck *animal* für Tier, sondern *bête*, was die Dummheit als *bêtise* oder die »Bestialität« einschließt. Im Deutschen lässt dies in eine ganz andere Richtung assoziieren, die schon beim Titel beginnt, der genauso gut lauten könnte: »Die Bestie und der Souverän«. Auch lässt das deutsche Wort *Tier* mit seinem neutralen Geschlecht die sexuelle Differenz verschwinden, die sich im Französischen zwischen *»la« bête* und *»le« souverain* aufbaut.

Derrida geht es wiederum im Wesentlichen um die Konfrontation von Tierischem und Menschlichem in dem Maße, wie sich diese Gegensätze *in extremis* berühren. Die Frage des Souveräns, der Souveränität als Form der Macht, der Selbstbehauptung sowie der Absolutheit des Ausnahmezustandes, steht zwar im Vordergrund, doch das durchgehende Thema bleibt die biologische Prägung des Phänomens der Souveränität, das (durchaus mit Bezug auf Gilles Deleuze als Schöpfer dieser Formel so genannte) »Tier-Werden« (TS I 31) des Souveräns, wie es Derrida bei Hobbes im »Leviathan« und in Carl

Schmitts Konzept der Feindschaft beobachtet. Genau genommen folgt dieser Prozess der Figur einer Überkreuzstellung bzw. eines Chiasmus des *Tier-Werdens des Souveräns* und des *Souverän-Werdens des Tieres*, wobei auf der einen Seite die tierische Bestie als Repräsentant von Animalität, Urnatur und in weiterer assoziativer Ableitung von Weiblichkeit sowie von sozialer, rassischer und moralischer Devianz, auf der anderen Seite der Souverän als Verkörperung von menschlicher, ja übermenschlicher Überlegenheit, von männlicher Dominanz und Autorität bis hin zu einer Göttlichkeit steht. Und im Moment ihrer Ausnahmeerscheinung, als Außenseiter der normalen Verhältnisse berühren sich diese beiden einander scheinbar ausschließenden Gegensätze und werden zu einem Paar:

> »Das Tier *und* der Souverän, das Tier *ist* der Souverän, so würde sich unser Paar ankündigen, ein Paar, ein Duo, ein Duell gar; aber auch ein Bund, fast eine Vermählung, [...], die sie als zwei Spezies von radikal heterogenen Lebenden setzen, einander entgegensetzen oder nebeneinanderstellen würde – die eine unter-menschlich, die andere menschlich, sogar über-menschlich«.

Dabei

> »der eine im anderen eine Art Double erkennen würde, der eine der andere werden, der andere sein würde (idem das *ist* nunmehr den Wert eines Prozesses, eines Werdens, einer identifikatorischen Metamorphose besäße), das Tier der Souverän und der Souverän das Tier sein würde«,

nämlich

»in einem Tier-Werden des Souveräns oder einem Souverän-Werden des Tiers, wobei wiederum der Übergang vom einen zum anderen, die Analogie, die Ähnlichkeit, das Bündnis, die Vermählung davon abhängt, dass die beiden diese überaus einzigartige Position des Außerhalb-des-Gesetzes, Über-dem-Gesetz oder Abseits-vom-Gesetz teilen: das Tier, indem es das Gesetz nicht kennt, und der Souverän, indem er das Recht hat, das Gesetz zu suspendieren, sich über das Gesetz zu stellen, das er ist, das er macht, das er instituiert, über das er souverän entscheidet.« (TS I 61 f.)

Das Zitat vermittelt zugleich einen Eindruck von der Argumentationsstrategie, die Derrida in den Seminarsitzungen praktizierte. Es sind lange, parataktische Assoziationsketten, in denen er die Bedeutungshorizonte der diskutierten Begriffe entfaltet, um deren Eindeutigkeit zu zerstreuen, d. h. zu dekonstruieren. Es ist eine langsame, behutsame Arbeit am Begriff und seinen idiomatischen Wendungen, die Derrida von Anfang an – indem er dem Thema der Begriffsvorgabe des gewählten Ausdrucks *bête*, das eher an das Tier als Biest oder wildes Tier, Bestie, denken lässt, gerecht wird – mit der Redewendung vom *Schleichen »auf leisen (Wolfs-)Sohlen«* (TS I 25) schon nahelegt. So wird der Wolf – unter Einschluss des mythischen Werwolfes oder des freudschen Wolfsmanns – zum emblematischen (Raub-)Tier der ganzen Vorlesung, zum Fabel-Tier *par excellence*, und der sprichwörtliche Wolf im Schafspelz gewissermaßen zum Sinnbild der Dekonstruktion. Doch spielt der Wolf auch seine Rolle als demaskierte Tiernatur des Menschen in dem auf Plautus zurückgehenden, durch Hobbes' *Leviathan* aber populär gemachten Sprichwort vom Menschen, der dem anderen Menschen zum Wolf wird.

Derrida greift diese Formel nicht zuletzt mit Blick auf Carl Schmitts Konzept der politischen Feindschaft auf, das viele

Beispiele aufweist, wie der Gegner durch Tiervergleiche herabgewürdigt werden kann. Doch auch in Macchiavellis Theorie vom Fürsten spielen Tiere eine symbolische Rolle, neben dem Wolf unter anderen auch der Fuchs, der Löwe, die Schlange und – denkt man an die Fabeln La Fontaines – als Gegenfiguren das Lamm und der Esel. Auf diese Weise kann gezeigt werden, dass die Stärke des Wolfes der Klugheit des Fuchses bedarf, allein aber der Löwe die sprichwörtliche Position des Königs der Tiere einzunehmen vermag.

Schmitt und sein »Begriff des Politischen« werden für die Argumentation Derridas in besonderem Maße herangezogen, um ihm sowohl seine Politik der Freundschaft als auch die Theorie des Schurken gegenüberzustellen. Darüber hinaus vertiefen die Vorlesungen die bereits aus der Tier-Monografie vertraute Auseinandersetzung mit Jacques Lacan und der Frage, ob Tiere die von ihnen hinterlassenen Spuren verwischen und Finten legen, also lügen und vortäuschen können. In diesem Zusammenhang einer Widerlegung der lacanschen Grenzziehung zwischen dem antwortlosen Tier und dem in der symbolischen Ordnung zuhause seienden Menschen wird der späte Derrida noch einmal dekonstruktivistisch deutlich, dass es ihm nicht darum geht, eine Souveränität gegen eine andere auszutauschen, sondern dass die sozusagen grammatologische Ordnung der Spur gegenüber *jedem* Machtanspruch immun ist:

> »Es gehört zu einer Spur, sich stets zu löschen und sich stets löschen zu können. Dass sie aber *sich* löscht, [...] bedeutet nicht, dass irgendjemand, Gott, Mensch oder Tier ihr Herren-Subjekt wäre und über die Macht beziehungsweise das Vermögen verfügen würde, sie zu löschen. Im Gegenteil. In dieser Hinsicht besitzt der Mensch nicht mehr souveräne Macht, seine Spuren zu löschen, als das so genannte Tier.« (TS I 190)

Jenseits all der ethischen Diskussionen über die Verbindung von Tierheit und Dummheit und umgekehrt gerade über die Dummheit, auf der Souveränität basiert, thematisiert Derrida immer wieder auch Fragen der Technik, der Lebenstechnik, der politischen Bio-Technologie des Tier-Werdens, z. B. als Pfropfung von Mensch und Tier zur Tier-Maschine. Das aus der Tier-Monografie bekannte cartesianische Motiv wird nun anhand der Symbolik der Puppe oder der Marionette als Zwischenwesen von Menschlichem und Tierischem weiter ausgeführt. In einem spannenden Exkurs kommt Derrida auf Kleists *Marionettentheater* zu sprechen, in dem es um die maschinenhafte Animation von Anmut geht, also um die perfekte Simulation, wenn nicht gar artifizielle Perfektion eines allein der menschlichen Seele vorbehaltenen Ausdrucks.

Bedauerlicherweise thematisiert Derrida dabei den Gegensatz von Seele und Körper ebenso wenig für seinen Kontext der Konfrontation von Menschlichem und Animalischem wie den zweiten Teil von Kleists Aufsatz, in dem es um fechtende Bären und deren Umgang mit menschlichen Finten geht. Im Vordergrund steht vielmehr die Konsequenz der cartesianischen Grenzziehung zwischen menschlichem *cogito* und animalischer *res extensa* für das »Marionette-Werden« (TS I 303) des politischen Souveräns, d. h. die Entpuppung des angeblich humanistischen Herrschaftssystems als Verkörperung des animalischen Gegenbilds der Tier-Maschine. Denn – wie Derrida mit Celans Büchner-Preisrede aus *Dantons Tod* zitiert – das souveräne Subjekt gleicht einer Puppe, die von technischen Kräften an Drähten gezogen, d. h. von einer Technologie manipuliert wird. Es geht um eine maschinenhafte Technizität, die zum einen an die sprachlose, antwortlose Reiz-Reaktion-Reduziertheit des Tieres erinnert, zum anderen aber Inbegriff menschlicher Intelligenz als schöpferische Technik der Erschaffung einer künstlichen-künstlerischen Idealwelt ist:

> »Wer wird leugnen, dass die Marionette etwas Technisches ist, und sogar eine Art allegorische Personifikation der technischen Macht selbst, der Maschinenhaftigkeit? Es geht also darum, die Kunst zwischen der *techné* der Schönen Künste und der *techné* der Technik zu befragen« (TS I 351).

Diese Dimension des automatenhaften, prothesenhaften Maschinellen führt Derrida erneut zu einer Dekonstruktion männlich-sexueller Souveränität, begründet im Mythos vom *Phallus* als Symbol des den Menschen vom Tier unterscheidenden aufrechten Gangs. Mit dieser »marionettenhaften Struktur des Phallus« (TS I 311) tritt zugleich das ins Spiel, was Derrida die »phallische Dramaturgie« (TS I 311) nennt, d. h. eine Bedrohung durch die Kastration als Zerfall der Rigidität des Marionettenkörpers und als Enthauptung, was sich – wiederum mit Verweis auf Büchners *Dantons Tod* – an der Guillotinierung des marionettenhaften Souveräns demonstrieren lässt.

Nicht von ungefähr kommt Derrida in der Folge auf die Schlange zu sprechen, die er durch ein gleichnamiges Gedicht von D.H. Lawrence einführt, in dem dieses Reptil, das auf dem Boden kriechende unterste der Tiere, als Souverän erlebt wird. Doch es ist nicht dieses, von der Bibel auch zum Symbol des Bösen erkorene Wesen, sondern der Mensch, der das »Unheimlichste des Unheimlichen« (TS I 370) darstellt.

Derrida zitiert mit dieser Formulierung eine Passage aus Heideggers *Einführung in die Metaphysik*, in der das Unheimliche zu einer gewissen Eigenheit des Menschen erklärt wird. Durch seine Steigerung gewinne der Mensch seine Souveränität, die er auch dadurch zum Ausdruck bringt, dass er sich das Tierreich unterwirft, es domestiziert, zähmt. Dieser Ökonomie (»*oiko-nomia*, den *nomos* des *oikos*, das heißt das Gesetz des Hauses« betreffend) der »Domestikation« (als Anpassung an die Gesetze des familiären Hauses), »Zähmung, Dressur und Zucht« (TS I 390) ist der letzte Teil der Vorlesungen gewidmet, in dem es um die Erfindung des Zoos, des zoologischen Gartens als künstliche Heimat für Tiere und Paradiesvorstellung, um den Zirkus als Ort des Spektakels, aber auch Biopolitik bzw. Zoopolitik im Anschluss an Foucault und Agamben geht.

Auffällig ist, in welchem Maße Derrida in dieser letzten Phase seiner Denkentwicklung literarische Beispiele immer mehr zum Anlass seiner philosophischen Spekulationen werden lässt.[90] Das gilt auch und in besonderem Maße für die Fortsetzung der Vorlesung *Das Tier und der Souverän* in den Jahren 2002–2003, bei der es im Wesentlichen um die Auseinandersetzung mit zwei Texten geht, nämlich um Daniel Defoes *Robinson Crusoe* und Heideggers Vorlesung *Die Grundbegriffe der Metaphysik*. Ein gemeinsames Thema bildet die Einsamkeit des Menschen sowie die Endlichkeit seines Lebens, wie sie ihm im Bewusstsein seines Todes und bei Fragen um die Bestattung vor Augen tritt. Und wieder stehen all diese Fragen im Kontext einer Konfrontation von Mensch und Tier, dem für gewöhnlich abgesprochen wird, dass es einsam ist oder gar sich in dieser Einsamkeit langweilt und ein Bewusstsein von seinem Sterben besitzt.

Ausgehend von diesem thematischen Schwerpunkt der Einsamkeit, der Vereinzelung, sinnbildlich dargestellt in Husserls *Cartesianischen Meditationen* durch ein als Insel gedachtes Ich, eröffnet Derrida einen weiteren Horizont, der die Fragen nach dem, »was ›wohnen‹, ›gemeinsam wohnen‹, die ›Welt bewohnen‹ bedeutet – und also die Frage, was *Welt* bedeutet [...] als Voraussetzung dessen, was man heute Globalisierung [*mondialisation*] nennt« (TS II 36).

Gemeinsamer Ausgangspunkt dieser Fragen ist ein von Derrida ins Zentrum gerückter Satz aus der genannten Vorlesung Heideggers: »der Stein ist weltlos, das Tier ist weltarm, der Mensch ist weltbildend«[91]. Derrida nimmt diese weitere Hierarchie der Seinsbereiche zum Anlass, auf ein anderes seiner Lieblingsthemen zurückzukommen, nämlich die Rolle der Hand im Denken Heideggers. Ähnlich wie dieser dem Tier die Fähigkeit des Sterbens absprach, gibt es für ihn auch kein tierisches Handeln, da Tiere keine Hand zum Begreifen der Welt, sondern nur Pfoten und Krallen zum Greifen besäßen. Die Souveränität des Menschen als Dasein verdanke sich dagegen der »Befreiung der Hand« als »Zugang zum Eigenen des Menschen« (TS II 126), was Derrida gerade mit einem Verweis auf eine Episode aus *Robinson Crusoe* entkräftet. Es geht darin um eine gewissermaßen Neuerfindung des Rads durch Robinson in Form einer Töpferscheibe, die seine Hand befreit, dies aber – wie Derrida unterstreicht – durch eine maschinelle Prothese, die ihm in seiner Selbstheit von der Welt als *techné* bereitgestellt wird:

> »Das Rad ist nicht nur eine technische Maschine, es ist in der Welt, es ist außerhalb der bewussten Innerlichkeit des *ipse*, beziehungsweise, was ich sagen will: Es gibt keine Selbstheit [*ipséité*] ohne diese Prothesenhaftigkeit in der Welt, mit all den Chancen und all den Bedrohungen, die sie für die Selbstheit darstellt, die sich auf diese Weise bilden kann, sich aber eben dadurch, untrennbar damit verbunden, auch zerstören kann«. (TS II 133)[92]

Verkürzt gesprochen: Souveränität beruht auf Prothesenhaftigkeit, weshalb Derrida im Anschluss auf den rätselhaften heideggerschen Begriff des *Waltens* zu sprechen kommt, den seine metaphorischen Randgänge mit bedrohlicher *Gewalt* als auch mit der rettenden Tendenz des *Verwaltens* assoziieren. Es handelt sich um einen unentschiedenen Begriff, unterwegs zwischen Leben und Tod oder jenseits von Leben und Tod:

»Denn das Walten ist eine Kraft/Macht/Gewalt [*force*], von der man weder sagen kann, dass sie das Leben trägt, noch dass sie den Tod trägt.« (TS II 143).

Robinsons Angst konzentriert sich darauf, verschlungen zu werden, von der Natur, von wilden Tieren und von den Wilden, Zwischenformen zwischen Mensch und Bestie, den Kannibalen:

»Das Erdbeben oder der Sturm, die mich lebendig begraben oder verschlingen, das ist eine Art von Anderem, nicht wahr, eine Art äußerliches und fremdes Element; zweitens, das wilde Tier, das mich lebendig vertilgt, das ist noch eine andere Art von Anderem, ein Lebender wie ich, aber sehr verschieden von mir; drittens, der Kannibale schließlich, der mich vertilgt, das wäre eine dritte Art von Anderem, ein Lebender wie ich, aber auch ein Mensch wie ich.« (TS II 194)

Bei all diesen Themen der Grenzerfahrung, der Bedrohung bis hin zur Negation, der Androhung der Vernichtung, geht es letztlich um die Frage des Todes. Es ist auffällig, wie die Spekulationen des argumentativen Verlaufs immer mehr und immer wieder das Thema des Todes, der Bestattungsrituale – bei Mensch und Tier – umkreisen. Zwischendurch kommt Derrida auf den Tod seines langjährigen Freundes Maurice Blanchot zu sprechen, um auch hier im Zeichen der Trauer »die Frage des Todes, des Mords und des Selbstmords« (TS II 249) zu stellen.

Derrida tastet sich auf diese Weise immer wieder an Grenzen entlang, den physischen Grenzen des Seins, wie sie Robinson Crusoe in Gestalt der Naturgewalten und der wilden, seinen Körper verschlingen wollenden Tiere erfährt, an den existenziellen Grenzen als einem Enden, welches das Tier – nach Heidegger – als Verenden erlebt, und schließlich als Unmöglichkeit einer Möglichkeit in der zwangsläufigen Begrenzung des Daseins im Tod: der ungewiss ist, aber mit einer beispiellosen Gewissheit bevorsteht. Derrida unterstreicht hier die Doppeldeutigkeit der Gewalt des Waltens als »Historizität des Menschen (und nicht des Tiers)«, dessen Dasein allein »von Gewalt durchdrungen, durchwaltet ist« (TS II 377).

Man kann nicht umhin, in den letzten eher düsteren Worten Derridas eine Ahnung seines eigenen nahenden Todes zu spüren. Und so endet das Fragen dieser letzten Vorlesung mit einer in der Zeit sich erhaltenden, d. h. letztlich nicht zu beantwortenden Frage:

> »Vollständig erhalten bleibt die Frage – es war die Frage des Seminars – zu wissen: Wer kann sterben? Wem wird dieses Können beziehungsweise Vermögen verliehen oder abgesprochen? Wer kann den Tod und durch den Tod die Super- oder Hyper-Souveränität des *Waltens* zum Scheitern bringen?« (TS II 378)

Anmerkungen

1 Jacques Derrida, *Le dernier des Juifs*, Paris 2014, S. 96.
2 Dreisholtkamp, *Jacques Derrida*, S. 61.
3 Bernhard Waldenfels, *Phänomenologie in Frankreich*, Frankfurt a. M. 1983, S. 536.
4 Hans-Dieter Gondek, »Jacques Derridas Recht auf (Zugehörigkeit zur) Philosophie«, in: *Philosophische Rundschau* 40 (1993) S. 177.
5 Vgl. zu dieser Argumentation den von Derrida eingehend interpretierten Text von Edmund Husserl, »Der Ursprung der Geometrie«, in: *Die Krisis der europäischen Wissenschaften und die transzendentale Phänomenologie*, Den Haag 1954, S. 365–386; auch in: HG 204–232.
6 Vgl. Jürgen Habermas, *Der philosophische Diskurs der Moderne*, Frankfurt a. M. 1985, S. 240, 246.
7 Dreisholtkamp, *Jacques Derrida*, S. 76.
8 Vgl. Ferdinand de Saussure, *Grundfragen der allgemeinen Sprachwissenschaft*, übers. von Herman Lommel, Berlin 1967, S. 35 ff.
9 Vgl. Platon, *Phaidros*, 274d, in: P., *Sämtliche Werke*, Bd. 4, übers. von Friedrich Schleiermacher, Hamburg 1958, S. 55.
10 de Saussure, *Grundfragen* (s. Anm. 8), S. 139.
11 Vgl. hierzu Thiel, *Über die Genese philosophischer Texte*, S. 116 f.
12 Vgl. Martin Heidegger, *Sein und Zeit*, Tübingen 1972, S. 17 ff., 404 ff.
13 Ebd., S. 18, 25.
14 Die schon frühe, intensive Auseinandersetzung mit Heidegger lässt sich inzwischen anhand der aus dem Nachlass publizierten Aufzeichnungen zu Derridas Seminaren nachverfolgen, vgl.: Jacques Derrida, *Heidegger: la question de l'Être et l'Histoire, cours de l'*ENS-*Ulm 1964–1965*, hrsg. von Thomas Dutoit / Marguerite Derrida, Paris 2013.
15 Vgl. Hans-Dieter Gondek, »Zeit und Gabe«, in: Gondek/Waldenfels, *Einsätze des Denkens*, S. 183–225, bes. S. 208.
16 Zu dieser Kontroverse vgl.: Manfred Frank, »Die Entropie der Sprache. Überlegungen zur Debatte Searle-Derrida«, in: M. F., *Das Sagbare und das Unsagbare. Studien zur neuesten französischen Hermeneutik und Texttheorie*, Frankfurt a. M. 1980, S. 141–210.

17 Vgl. John R. Searle, »Reiterating the Differences: A Reply to Derrida«, in: *Glyph* 1 (1977) S. 202: »To the extent that the author says what he means the text is the expression of his intention.«

18 Claude Lévi-Strauss, *Traurige Tropen*, übers. von Eva Moldenhauer, Frankfurt a. M. 1981, S. 290.

19 Vgl. Jean-Jacques Rousseau, *Bekenntnisse*, übers. von Alfred Semerau / Dietrich Leube, München 1978, S. 110f.

20 Heidegger, *Sein und Zeit* (s. Anm. 12), S. 250, 262.

21 Zu diesem Thema hat es 1988 eine berühmte Diskussion zwischen Derrida, Gadamer und Lacoue-Labarthe gegeben, die auch auf Deutsch vorliegt: Jacques Derrida, Hans-Georg Gadamer, Philippe Lacoue-Labarthe, *Heidegger. Philosophische und politische Tragweite seines Denkens. Das Kolloquium von Heidelberg*, hrsg. von Mireille Calle-Gruber, übers. von Esther von der Osten, Wien 2016.

22 In seinem Vortrag »Fourmis« (›Ameisen‹) erinnert Derrida an den Zusammenhang der Wörter *sexe* und *insecte* im lateinischen Wort *insecare*: einschneiden. Vgl. Jacques Derrida, *Lectures de la différence sexuelle*, hrsg. von Mara Négron, Paris 1994, S. 69–102; vgl. auch Jacques Derrida, *Geschlecht (Heidegger). Sexuelle Differenz, ontologische Differenz. Heideggers Hand (Geschlecht* II*)*, übers. von Hans-Dieter Gondek, Wien 1988, bes. S. 86. Zu dieser Thematik ist neuerlich ein ergänzendes Textkonvolut erschienen: Jacques Derrida, *Geschlecht* III. *Sexe, race, nation, humanité*, Paris 2018.

23 Vgl. auch die Figur des Übergangs vom Menschen- zum Tieropfer in dem nicht ins Deutsche übersetzten zweiten Teil von *Donner la mort*: »La littérature au secret: Une filiation impossible«, in: Jacques Derrida, *Donner la mort*, Paris 1999, S. 163–209.

24 Jacques Lacan, »Funktion und Feld des Sprechens und der Sprache in der Psychoanalyse«, in: J. L., *Schriften* I, Frankfurt a. M. 1975, S. 104, 109.

25 Vgl. Sigmund Freud, *Aus den Anfängen der Psychoanalyse. Briefe an Wilhelm Fließ. Abhandlungen und Notizen aus den Jahren 1887–1902*, Frankfurt a. M. 1950, S. 152 f.

26 Zu diesem Gegensatz vgl.: Alfred Lorenzer / Michael Wetzel, »Sprachphilosophie in der Psychoanalyse«, in: *Handbuch Sprachphilosophie*, 2. Halbbd., Vol. 2, Berlin 1996, S. 1585–1590.

27 Jacques Derrida, *Diese seltsame Institution genannt Literatur*, übers. von Rike Felke, Berlin 2015, S. 5.

28 Vgl. Richard Brütting, *»écriture« und »texte«. Die französische Literaturtheorie »nach dem Strukturalismus«. Kritik traditioneller Positionen und Neuansätze*, Bonn 1976, S. 47.

29 Vgl. Aristoteles, *Poetik*, übers. von Olof Gigon, Stuttgart 1961, S. 36, 54.

30 Friedrich Nietzsche, »Wahrheit und Lüge im außermoralischen Sinne«, in: F. N., *Sämtliche Werke*, hrsg. von Giorgio Colli / Mazzino Montinari, Kritische Studienausg., Bd. 1, München 1999, S. 880.

31 Vgl. Behler, *Derrida – Nietzsche. Nietzsche – Derrida*, S. 94 ff., 120 ff.

32 Vgl. Menke, »Dekonstruktion – Lektüre. Derrida literaturtheoretisch«, S. 257.

33 Hans Blumenberg, *Paradigmen zu einer Metaphorologie*, Bonn 1960, S. 171.

34 Maurice Blanchot, *Die wesentliche Einsamkeit*, übers. von Gerd Henniger, Berlin 1959.

35 Stéphane Mallarmé, »Die Mimik«, in: S. M., *Kritische Schriften*, hrsg. und übers. von Gerhard Goebel / Bettina Rommel, Gerlingen 1998, S. 187.

36 Derrida hat sich grundsätzlich für das Phänomen der Transparenz beim Glas interessiert, wie auch andere Texte zur Architektur zeigen, etwa seine Beschäftigung mit Scheerbarts Glasarchitektur in: »Barbaries et papiers de verre ou La petite monnaie de ›l'actuel‹«, in: J. D., *Les arts de l'espace. Ecrits et interventions sur l'architecture*, Paris 2015, S. 100–116.

37 Vgl. das Interview Derridas, in dem er sogar vom Gegenstand der Erfahrung des literarischen Schreibens als einem »Imperativ« spricht: »Raum schaffen für singuläre Ereignisse, etwas Neues erfinden in der Form von Schreibhandlungen« (*Diese seltsame Institution genannt Literatur*, s. Anm. 27, S. 27).

38 Zum Motiv des Geheimnisses der Literatur vgl. auch den zweiten Teil von *Donner la mort* (s. Anm. 23), S. 163–209.

39 Vgl. Jacques Derrida, »Fors«, in: Nicolas Abraham / Maria Torok, *Kryptonymie. Das Verbarium des Wolfsmanns*, übers. von Werner Hamacher, Frankfurt a. M. 1979, S. 5–58.

40 Julia Kristeva, *Die Revolution der poetischen Sprache*, übers. von Reinold Werner, Frankfurt a. M. 1978, S. 36.

41 Vgl. auch die dt. Fassung: *Wie nicht sprechen. Verneinungen*, übers. von Hans-Dieter Gondek, Wien 1989, S. 68.

42 Vgl. dazu Thomas Rösch, Kunst und Dekonstruktion. Serielle Ästhetik in den Texten von Jacques Derrida, Wien 2008, S. 184 ff.

43 Vgl. Hartmut Böhme / Gernot Böhme, Das Andere der Vernunft. Zur Entwicklung von Rationalitätsstrukturen am Beispiel Kants, Frankfurt a. M. 1983.

44 Vgl. dazu Rösch, *Kunst und Dekonstruktion* (s. Anm. 42), S. 201–309.

45 Vgl. Christopher Norris, »Dekonstruktion, Postmoderne und die bildenden Künste«, in: Norris/Benjamin, *Was ist Dekonstruktion?*, S. 18 ff.; Wetzel, »Ästhetik der Wiedergabe«.

46 Im Gespräch mit Eva Meyer. Vgl. Eva Meyer, »Labyrinth und Archi/Textur«, in: E. M., *Architexturen*, Basel 1986, S. 43.

47 Vgl. als umfassendste Darstellung: Papadakis, *Dekonstruktivismus*.

48 Vgl. Jacques Derrida zu »Between the Lines«, in: Daniel Libeskind, *Radix – Matrix. Architekturen und Schriften*, hrsg. von Alois M. Müller, übers. von Wolfgang Himmelberg, München / New York 1994, S. 115–117.

49 Vgl. Jacques Derrida, »Ein Brief an Peter Eisenman«, »Architektur Schreiben. Ein Gespräch zwischen Peter Eisenman und Jacques Derrida«, in: Peter Eisenman, *Aura und Exzeß. Zur Überwindung der Metaphysik der Architektur*, hrsg. von Ullrich Schwarz, übers. von Martina Kögl / Ulrich Schwarz, Wien 1995, S. 171 ff., 295 ff.

50 Vgl. Jacques Derrida, »Am Nullpunkt der Verrücktheit: Jetzt die Architektur«, übers. von Michael Wetzel, in: *Texte der Postmoderne*, hrsg. von Wolfgang Welsch, Weinheim 1988, S. 226.

51 Ebd.

52 Zit. nach der dt. Übers. von Hans-Dieter Gondek in: Jacques Derrida: »Zweiundfünfzig Aphorismen für eine Vorrede«, in: Papadakis, *Dekonstruktivismus*, S. 68.

53 Vgl. Jacques Derrida: »Generationen einer Stadt. Erinnerung, Prophetie, Verantwortlichkeiten, Liminarien«, in: *Lettre International* 18 (1992) S. 54.

54 Sigmund Freud an Wilhelm Fließ am 6.12.1896, in: Freud, *Aus den Anfängen der Psychoanalyse* (s. Anm. 25), S. 151.

55 Louis Marin, *Von den Mächten des Bildes. Glossen*, übers. von Till Bardoux, Zürich 2007, S. 14.

56 Jacques Derrida, »Kraft der Trauer. Die Macht des Bildes bei Louis Marin«, in: *Der Entzug der Bilder. Visuelle Realitäten*, hrsg. von Michael Wetzel / Herta Wolf, München 1994, S. 30.

57 Vgl. Maurice Merleau-Ponty, *Das Sichtbare und das Unsichtbare*, hrsg. von Claude Lefort, übers. von Regula Giuliani / Bernhard Waldenfels, München 1986, S. 173.

58 Vgl. ebd.

59 Vgl. Jay D. Bolter, *Writing Space. The Computer, Hypertext and the History of Writing*, Hilsdale 1991, S. 116 f., sowie J. D. B., »Das Internet in der Geschichte der Technologien des Schreibens«, in: *Mythos Internet*, hrsg. von Stefan Münker / Alexander Roesler, Frankfurt a. M. 1997, S. 44. Darüber hinaus hat sich Derrida an einem der ersten Internet-Schreibspiele im Rahmen der Ausstellung »Les immatériaux« beteiligt, dokumentiert von Jean-François Lyotard und Thierry Chaput in: *Epreuves d'écriture*, Paris 1985.

60 Vgl. dazu das gemeinsame Buch von Safaa Fathy und Derrida: *Tourner les mots. Au bord d'un film*, Paris 2000 (dt.: *Worte drehen. Am Rande eines Films*, Berlin 2016). Auch mit dem Medium Video gab es Berührungen: 1987 beteiligt sich Derrida an der Produktion von *Disturbances* des Videokünstlers Gary Hill, vgl. dazu seine Studie zu Hill: »Videor«, in: *Passages de l'image*, hrsg. von C. van Assche / Raymond Bellour / C. David, Paris 1990, S. 161 f. (dt. in: J. D., *Denken, nicht zu sehen. Schriften zu den Künsten des Sichtbaren 1979–2004*, übers. von Hans-Dieter Gondele / Markus Sedlaczek, Berlin 2017, S. 254–260).

61 Vgl. Jacques Derrida, *Du droit à la philosophie*, Paris 1990, S. 43, 608 f.

62 In seiner Intervention auf einer 1997 veranstalteten Tagung über »Religion und Medien« richtet Derrida dieses Argument direkt gegen einen auf das »live« einer quasi-eucharistischen Realpräsenz fixierten Journalismus, der vertuscht, »dass *es niemals Direktübertragendes gibt*«, denn alles ist »*zusammengeschnitten*, in Studios, wo

man augenblicklich kadrieren, löschen, rekonstruieren, manipulieren kann« (J. D., *Vor allem keine Journalisten!*, übers. von Esther von der Osten, Wien 2018, S. 24).

63 Jacques Derrida, »Die Fotografie als Kopie, Archiv und Signatur. Gespräch mit Hubertus von Amelunxen / Michael Wetzel«, in: *Theorie der Fotografie* IV, München 2000, S. 282, 289.

64 Vgl. Jacques Derrida, »Le cinéma et ses fantômes. Gespräch mit A. de Baecque und T. Jousse«, in: *Cahiers du Cinéma*, April 2001, S. 78 (dt. in: *Denken, nicht zu sehen*, s. Anm. 60, S. 269–287).

65 Vgl. Jacques Derrida, *Maschinen Papier*, übers. von Markus Sedlaczek, Wien 2006.

66 Vgl. Emmanuel Lévinas, *Le temps et l'autre*, Paris 1983, S. 13, 26 ff.; E. L., *Ethique et infini*, Paris 1982, S. 32 ff.

67 Vgl. Martin Heidegger, »Zeit und Sein«, in: M. H., *Zur Sache des Denkens*, Tübingen 1988, S. 8.

68 Georges Bataille, »Der Begriff der Verausgabung«, in: G. B., *Das theoretische Werk*, Bd. 1: Die Aufhebung der Ökonomie, übers. von Traugott König / Heinz Abosch, hrsg. von Gerd Bergfleth, München 1975, S. 11 ff.

69 Vgl. Marcel Mauss, »Die Gabe. Form und Funktion des Austausches in archaischen Gesellschaften«, übers. von Eva Moldenhauer, in: M. M., *Soziologie und Anthropologie*, Bd. II, hrsg. von Wolf Lepenies / Henning Ritter, Frankfurt a. M. 1975, S. 10 ff., 17 f.

70 Vgl. Emile Beneviste, »Gabe und Tausch im indoeuropäischen Wortschatz«, in: E. B., *Probleme der allgemeinen Sprachwissenschaft*, übers. von Wilhelm Bolle, Frankfurt a. M. 1977, S. 351.

71 Jacques Derrida, »Fragen an die Phänomenologie – Abschied vom Prinzipiellen? Podiumsdiskussion«, Berichterstatter O. Pfersmann, in: Michael Benedikt / Rudolf Burger (Hrsg.), *Die Krise der Phänomenologie und die Pragmatik des Wissenschaftsfortschritts*, Wien 1986, S. 174.

72 Vgl. Jacques Derrida, »Jahrhundert der Vergebung. Verzeihen ohne Macht – unbedingt und jenseits der Souveränität«, übers. von Michael Wetzel, in: *Lettre International* 10 (2000), S. 10–18. Vgl. dazu die weiteren Ausführungen in: J. D., *Vergeben. Das Nichtvergebbare und das Unverjährbare*, übers. von Markus Sedlaczek, Wien 2018;

frz.: *Pardonner. L'impardonnable et l'imprescriptible*, Paris 2012. Derrida hat diese Thematik des »Unmöglichen« eines »Vergebens des Nichtvergebbaren« oder auch einer »Vergebung« ohne »Versöhnung« im Zeichen des »Unverjährbaren« auch im Zusammenhang seiner Vorträge über Judentum aufgegriffen. Vgl. J. D., *Le dernier des Juifs* (s. Anm. 1), S. 16, 57.

73 Vgl. Jacques Derrida, »Eben in diesem Moment in diesem Werk findest du mich«, übers. von Elisabeth Weber, in: *Parabel*, Bd. 12 (Lévinas. Zur Möglichkeit einer prophetischen Philosophie), hrsg. von Michael Mayer / Markus Hentschel, Gießen 1990, S. 46.

74 Ebd., S. 55.

75 Die entsprechenden Schriften, bis hin zu einem ausgearbeiteten Curriculum für Philosophie, sind nachzulesen in den Annexes zu dem 1990 erschienenen, aber leider nicht als Ganzes ins Deutsche übertragenen Band *Du droit à la philosophie* (s. Anm. 61).

76 Derrida in einem Interview mit Michael Wetzel vom 10. 2. 1998: »Politik der Sprache – Sprache der Politik«, gesendet im *Deutschlandfunk* am 18. 2. 1998.

77 Vgl. Derridas Verteidigungsschrift: *Wie Rauschen auf dem Grund einer Muschel … Paul de Mans Krieg. Mémoires* II, übers. von Elisabeth Weber, Wien 1988.

78 Zur Frage des marxschen Erbes hat sich Derrida auch noch einmal ausführlich auf einem Symposion Ende der 1990er-Jahre geäußert, vgl.: Jacques Derrida, *Marx & Sons*, übers. von Jürgen Schröder, Frankfurt a. M. 2004.

79 Jacques Derrida, »Glauben und Wissen. Die beiden Quellen der ›Religion‹ an den Grenzen der bloßen Vernunft«, übers. von Alexander G. Düttmann, in: J. D. / Gianni Vattimo (Hrsg.), *Die Religion*, Frankfurt a. M. 2001, S. 31 ff., 34 ff.

80 Ebd., S. 49.

81 Ebd., S. 101.

82 Die entsprechenden Vorlesungen sind noch nicht ediert, einzelne daraus hervorgegangene Vorträge und Aufsätze liegen jedoch schon vor, vgl. Jacques Derrida, *Geschichte der Lüge. Prolegomena*, übers. von Noe Tessmann, Wien 2015; frz.: *Histoire du mensonge. Prolégomènes*, Paris 2012; *Vergeben. Das Nichtvergebbare und das Unver-*

jährbare (s. Anm. 72); *Le parjure, peut-être (»Brusques sautes de syntaxes«)*, Paris 2017.

83 Derrida, *Geschichte der Lüge* (s. Anm. 82), S. 70.

84 Jacques Derrida / Elisabeth Roudinesco, *De quoi demain. Dialogue*, Paris 2001, S. 223–268 (dt.: *Woraus wird morgen gemacht sein? Jacques Derrida im Gespräch mit Elisabeth Roudinesco*, übers. von Hans-Dieter Gondek, Stuttgart 2006).

85 Vgl. Carl Schmitt, *Der Begriff des Politischen*, Berlin 1987, S. 26 ff.

86 Vgl. Jacques Derrida, *Weltbürger aller Länder, noch eine Anstrengung*, übers. von Hans-Dieter Gondek, Berlin 2003, S. 15, 20 f.

87 Derrida, *Le dernier des Juifs* (s. Anm. 1), S. 34 (vgl. ebd. S. 23, 88).

88 Vgl. Jacques Derrida, *Fichus, Dankesrede*, übers. von Stefan Lorenzer, Frankfurt a. M. 2001, S. 5.

89 Vgl. Derrida, *Geschichte der Lüge* (s. Anm. 82).

90 Vgl. dazu die Bemerkung in dem kurz vor seinem Tod geführten Interview mit Jean Birnbaum: Jacques Derrida, *Leben ist Überleben*, übers. von Markus Sedlaczek, Wien 2005, S. 38: »Man muß in jeder Situation eine angemessene Darlegungsweise kreieren, das Gesetz des singulären Ereignisses erfinden […] zum Beispiel diese Aufpfropfungen des Poetischen auf das Philosophische (ohne sie zu vermischen)«.

91 Martin Heidegger, *Die Grundbegriffe der Metaphysik. Welt – Endlichkeit – Einsamkeit*, Gesamtausg. II. Abteilung, Bd. 39/30, hrsg. von Friedrich-Wilhelm von Herrmann, Frankfurt a. M. 1983, S. 261.

92 Diese Argumentation lässt sich dank der jetzt publizierten Vorlesungen bis in die 1970er-Jahre des Denkens von Derrida zurückverfolgen, vgl. die von Marx und Althusser ausgehende Vorlesung: *Théorie et pratique, cours de l'ENS-Ulm 1975–1976*, hrsg. von Alexander García Düttmann, Paris 2017 (bes. S. 92 ff. zu *techné* als Transformation von *physis* und zu Heidegger, S. 130 ff.).

Kommentierte Bibliografie

1. Werke von Jacques Derrida (in Auswahl)

Eine Gesamtbibliografie findet sich bei: Peter Zeillinger: Jacques Derrida. Bibliografie der französischen, deutschen und englischen Werke. Wien 2005.

AB Aufzeichnungen eines Blinden. Das Selbstportrait und andere Ruinen. Übers. von Andreas Knop / Michael Wetzel. München 1997. Frz.: Mémoires d'aveugle. L'autoportrait et autres ruines. Paris 1990.

AD Adieu. Nachruf auf Emmanuel Lévinas. Übers. von Reinold Werner. München/Wien 1999. Frz.: Adieu à Emmanuel Lévinas. Paris 1997.

AM Artaud Moma. Ausrufe, Zwischenrufe und Berufungen. Übers. von Markus Sedlaczek. Wien 2003. Frz.: Artaud le Moma. Paris 2002.

AP Auslassungspunkte. Gespräche. Übers. von Karin Schreiner / Dirk Weissmann. Unter Mitarbeit von Kathrin Murr. Wien 1998. Frz.: Points de suspension. Entretiens. Paris 1992.

APO Apokalypse. Von einem neuerdings erhobenen apokalyptischen Ton in der Philosophie. Übers. von Michael Wetzel. Wien 1985. (Überarb. Neuaufl. 2009.) Frz.: D'un ton apocalyptique adopté naguère en philosophie. Paris 1983.

AR Dem Archiv verschrieben. Eine Freudsche Impression. Übers. von Hans-Dieter Gondek / Hans Naumann. Berlin 1997. Frz.: Mal d'Archive. Une impression freudienne. Paris 1995.

AS Aporien. Sterben – Auf die »Grenzen der Wahrheit« gefaßt sein. Übers. von Michael Wetzel. München 1998. Frz.: Apories. Mourir – s'attendre aux »limites de la vérité«. Paris 1996.

B Bleibe. Maurice Blanchot. Übers. von Hans-Dieter Gondek. Wien 2003. Frz.: Demeure. Maurice Blanchot. Paris 1998.

BT Babylonische Türme. Wege, Umwege, Abwege. Übers. von Alexander G. Düttmann. In: Alfred Hirsch (Hrsg.): Übersetzung und Dekonstruktion. Frankfurt a. M. 1997. S. 119–165. Frz.: Des tours de babel. In: Joseph F. Graham (Hrsg.): Difference in Translation. Ithaka 1985. S. 165–248.

CH Chōra. Übers. von Hans-Dieter Gondek. Wien 1990. Frz.: Khôra. Paris 1993.

DAK Das andere Kap; Die vertagte Demokratie. Zwei Essays zu Europa. Übers. von Alexander G. Düttmann. Frankfurt a. M. 1992. Frz.: L'autre cap suivi de La démocratie ajournée. Paris 1991.

DIS Dissemination. Übers. von Hans-Dieter Gondek. Wien 1995. Frz.: La dissémination. Paris 1972.

DT Das Tier, das ich also bin. Übers. von Markus Sedlaczek. Wien 2010. Frz.: L'animal que donc je suis. Paris 2006.

EA Die Einsprachigkeit des Anderen oder die ursprüngliche Prothese. Übers. von Michael Wetzel. München 2003. Frz.: Le monolinguisme de l'autre ou la prothèse d'origine. Paris 1996.

EC Echographien. Fernsehgespräche. Übers. von Horst Brühmann. Wien 2006. Frz.: Échographies de la télévision. Paris 1996.

EM Der Entzug der Metapher. Übers. von Alexander G. Düttmann / Iris Radisch. In: Volker Bohn (Hrsg.): Romantik. Literatur und Philosophie. Internationale Beiträge zur Poetik. Frankfurt a. M. 1987. S. 317–355. Frz.: Le retrait de la métaphore. In: Psyché. Inventions de l'autre. Paris 1987. S. 63–93.

FA Feuer und Asche. Übers. von Michael Wetzel. Berlin 1988. Frz.: Feu la cendre. Paris 1987.

FG Falschgeld. Zeit geben I. Übers. von Andreas Knop / Michael Wetzel. München 1993. Frz.: Donner le temps: I. La fausse monnaie. Paris 1991.

GA Von der Gastfreundschaft. Mit einer »Einladung« von Anne Dufourmantelle. Übers. von Markus Sedlaczek. Wien [2]2007. Frz.: De l'hospitalité. Paris 1997.

GK Gesetzeskraft. Der »mystische Grund der Autorität«. Übers. von Alexander G. Düttmann. Frankfurt a. M. 1991. Frz.: Force de loi. Le »Fondement mystique de l'autorité«. Paris 1994.

GL Glas. Übers. von Hans-Dieter Gondek / Markus Sedlaczek. München 2006. Frz.: Glas. Paris 1974.

GR Grammatologie. Übers. von Hans-Jörg Reinberger / Hans Zischler. Frankfurt a. M. 1974. Frz.: De la grammatologie. Paris 1967.

GS Gestade. Übers. von Monika Buchgeister / Hans-Walter Schmidt. Wien 1994. Frz.: Parages. Paris 1986.

HG Husserls Weg in die Geschichte am Leitfaden der Geometrie. Ein Kommentar zur Beilage III der »Krisis«. Übers. von Rüdiger Hentschel / Andreas Knop. München 1987. Frz.: Edmund Husserl, L'origine de la géometrie. Traduction et introduction par Jacques Derrida. Paris 1962.

KR Die Künste des Raumes. Gespräch mit Peter Brunette und David Wills. In: J. D.: Denken, nicht zu sehen. Schriften zu den Künsten des Sichtbaren 1979–2004. Übers. von Hans-Dieter Gondek / Markus Sedlaczek. Berlin 2017. S. 7–40. The Spatial Arts. An Interview with Jacques Derrida. In: Peter Brunette / David Wills (Hrsg.): Deconstruction and the Visual Art, Media, Architecture. Cambridge 1994. S. 9–32.

LI Limited Inc. Übers. von Werner Rappl. Unter Mitarbeit von Dagmar Travner. Wien 2001. Frz.: Limited Inc. Paris 1990.

MC meine chancen. rendez-vous mit einigen epikureischen stereophonien. Übers. von Elisabeth Weber. Berlin 1994. Frz.: Mes Chances. Au rendez-vous de quelques stéréophonies épicuriennes. In: Tijschrift voor Filosofie 45 (1983) Nr. 1. S. 3–40.

MEM Mémoires. Für Paul de Man. Übers. von Hans-Dieter Gondek. Wien 1988. Frz.: Mémoires pour Paul de Man. Paris 1987.

MG Marx' Gespenster. Der Staat der Schuld, die Trauerarbeit und die neue Internationale. Übers. von Susanne Lüdemann. Überarb. Ausg. Frankfurt a. M. 1996. Frz.: Spectres de Marx. Paris 1993.

PF Politik der Freundschaft. Übers. von Stefan Lorenzer. Frankfurt a. M. 2000. Frz.: Politiques de l'amitié. Paris 1994.

PK 1 Die Postkarte von Sokrates bis an Freud und jenseits. 1. und 2. Lieferung. Übers. von Hans-Joachim Metzger. Berlin 1982. Frz.: La carte postale de Socrate à Freud et au-delà. Paris 1980.

PK 2 Die Postkarte von Sokrates bis an Freud und jenseits. 2. Lieferung. Übers. von Hans-Joachim Metzger. Berlin 1987. Frz.: La carte postale de Socrate à Freud et au-delà. Paris 1980.

POS Positionen. Gespräche mit Henri Ronse, Julia Kristeva, Jean-Louis Houdebine, Guy Scarpetta. Übers. von Dorothea Schmidt. Unter Mitarbeit von Astrid Wintersberger. Graz/Wien 1986.

Frz.: Positions. Entretiens avec Henri Ronse, Julia Kristeva, Jean-Louis Houdebine, Guy Scarpetta. Paris 1972.

PR Préjugés. Vor dem Gesetz. Übers. von Detlef Otto / Axel Witte. Wien ^{2}1999. Frz.: Préjugés. Devant la loi. In: La faculté de juger. Paris 1985. S. 87–139.

PSY Psyché. Inventions de l'autre. Paris 1987.

PSY I Psyche. Erfindungen des Anderen I. Teilübers. von Markus Sedlaczek. Wien 2012. (Eine weitere Teilübersetzung ist erschienen unter dem Titel: Psyche. Erfindungen des Anderen II. Übers. von Markus Sedlaczek. Wien 2013.

PU Die Pupillen der Universität. Der Satz vom Grund und die Idee der Universität. In: Mochlos oder Das Auge der Universität. Vom Recht auf Philosophie II. Übers. von Markus Sedlaczek. Wien 2004. S. 59–100. Frz.: Les pupilles de l'Université, le principe de raison et l'idée de l'Université. In: Du droit à la philosophie. Paris 1990. S. 461–498.

PUN Punktierungen – die Zeit der These. Übers. von Hans-Dieter Gondek. In: H.-D. G. / Bernhard Waldenfels (Hrsg.): Einsätze des Denkens. Zur Philosophie von Jacques Derrida. Frankfurt a. M. 1997. S. 19–39. Frz.: Ponctuations: le temps de la thèse. In: Du droit à la philosophie. Paris 1990. S. 439–459.

RE Lektüre von »Recht auf Einsicht«. Photographien Marie Françoise Plissart. Übers. von Michael Wetzel. Wien 1985. Frz.: Lecture de Droit de regards. Paris 1985.

RG Randgänge der Philosophie. Übers. von G. R. Sigl, K. Schreiner, M. Fischer, E. Pfaffenberger-Brückner, G. Ahrens, H. Beese, D. W. Tuckwiller. Wien 1988. Frz.: Marges – de la philosophie. Paris 1972.

SCH Schibboleth. Für Paul Celan. Übers. von Wolfgang Sebastian Baur. Wien ^{2}1996. Frz.: Schibboleth pour Paul Celan. Paris 1986.

SD Die Schrift und die Differenz. Übers. von Rodolf Gasché. Frankfurt a. M. 1972. Frz.: L'écriture et la différence. Paris 1967.

SE Das Subjektil ent-sinnen. In: Antonin Artaud. Zeichnungen und Portraits (zus. mit Paule Thévenin). Übers. von Simone Werle. München 1986. S. 51–109. Frz.: Forcener le subjectile. Étude pour les Dessins et Portraits d'Antonin Artaud. Paris 1986.

SEP Seelenstände der Psychoanalyse. Das Unmögliche jenseits einer souveränen Grausamkeit. Vortrag vor den États généraux de la Psychanalyse am 10. Juli 2000 im Grand Amphithéâtre der Sorbonne in Paris. Übers. von Hans-Dieter Gondek. Frankfurt a. M. 2002. Frz.: États d'âme de la psychanalyse. L'impossible au-delà d'une souveraine cruauté. Paris 2000.

SP Die Stimme und das Phänomen. Einführung in das Problem des Zeichens in der Phänomenologie Husserls. Übers. von Hans-Dieter Gondek. Frankfurt a. M. 2003. Frz.: La voix et le phénomène. Paris 1967.

SPO Sporen. Die Stile Nietzsches. Übers. von Richard Schwaderer. In: Werner Hamacher (Hrsg.): Nietzsche aus Frankreich. Essays von Maurice Blanchot, Jacques Derrida, Pierre Klossowski, Philippe Lacoue-Labarthe, Jean-Luc Nancy und Bernard Pautrat. Frankfurt a. M. / Berlin 1986. S. 129–168. Frz.: Éperons. Les styles de Nietzsche. In: Nietzsche aujourd'hui? 1. Intensités. Paris 1973.

SU Schurken. Zwei Essays über die Vernunft. Übers. von Horst Brühmann. Frankfurt a. M. 2003. Frz.: Vouyous. Deux essais sur la raison. Paris 2003.

TEL Telepathie. Übers. von Hans-Joachim Metzger. Berlin 1982. Frz.: Télépathie. In: Psyché. Inventions de l'autre. Paris 1987. S. 237–270.

TRB Die Tode von Roland Barthes. Übers. von Gabriele Ricke / Ronald Voullié. Berlin 1987. Frz.: Les morts de Roland Barthes. In: Poétique 47 (1981) S. 269–291.

TS I Das Tier und der Souverän I. Seminar 2001–2002. Übers. von Markus Sedlaczek. Wien 2015. Frz.: Séminaire La bête et le souverain. Volume I (2001–2002). Hrsg. von Michel Lisse / Marie-Louise Mallet / Ginette Michaud. Paris 2008.

TS II Das Tier und der Souverän II. Seminar 2002–2003. Übers. von Markus Sedlaczek. Wien 2017. Frz.: Séminaire La bête et le souverain. Volume II (2002–2003). Hrsg. von Michel Lisse / Marie-Louise Mallet / Ginette Michaud. Paris 2010.

TST Die Todesstrafe I. Seminar 1999–2000. Übers. von Markus Sedlaczek. Wien 2018. Frz.: Séminaire La peine de mort. Volume I (1999–2000). Hrsg. von Geoffrey Bennington / Marc Crépon / Thomas Dutoit. Paris 2012.

UG Ulysses Grammophon. Zwei Deut für Joyce. Übers. von Elisabeth Weber. Berlin 1988. Frz.: Ulysse gramophone. Deux mots pour Joyce. Paris 1987.

ÜN Über den Namen. Drei Essays. Übers. von Hans-Dieter Gondek / Markus Sedlaczek. Wien 2000. Frz.: Passions. Sauf le nom. Khôra. Paris 1993.

UU Die unbedingte Universität. Übers. von Stefan Lorenzer. Frankfurt a. M. 2001. Frz.: L'université sans condition. Paris 2001.

VG Vom Geist. Heidegger und die Frage. Übers. von Alexander G. Düttmann. Frankfurt a. M. 1992. Frz.: De l'esprit. Heidegger et la question. Paris 1987.

VP Vergessen wir nicht – die Psychoanalyse! Hrsg., übers. und mit einem Nachw. von Hans-Dieter Gondek. Frankfurt a. M. 1998. Frz.: Résistances de la psychanalyse. Paris 1996.

WM Die Wahrheit in der Malerei. Übers. von Michael Wetzel. Wien 1992. Frz.: La vérité en peinture. Paris 1978.

2. Deutsche Werke über Jacques Derrida (Auswahl)

Behler, Ernst: Derrida – Nietzsche. Nietzsche – Derrida. München [u. a.] 1988. (Eine sehr genaue Darstellung der Rezeption Nietzsches durch Derrida beziehungsweise der Fortführung »nietzscheanischer« Gedanken bei Derrida.)

Bennington, Geoffrey: Derridabase. Ein Portrait von Geoffrey Bennington und Jacques Derrida. Frankfurt a. M. 1994. (Die von Derrida gewissermaßen durch den am Fuße jeder Seite fortlaufenden eigenen autobiografischen Text »Zirkumfession« autorisierte eingehendste Monografie, die sich weniger um Werkvollständigkeit als um den Nachvollzug der Denkbewegung bemüht.)

Busch, Kathrin: Geschicktes Geben. Aporien der Gabe bei Jacques Derrida. München 2004. (Die Arbeit konzentriert sich auf das Gabemotiv im Zusammenhang der ökonomischen Aporien des Tausches und der Verausgabung, aber auch von Verantwortung, Tod, Gerechtigkeit und ästhetischer Probleme des Kunstwerkes als Gabe der Sichtbarkeit.)

Culler, Jonathan: Dekonstruktion. Derrida und die poststrukturalistische Literaturtheorie. Hamburg 1988. (Bei diesem Buch handelt es sich um die erste und nahezu klassische Anwendung von Derridas Methode auf literaturwissenschaftliche Interpretationen.)

Dreisholtkamp, Uwe: Jacques Derrida. München 1999. (Lesenswerte Einführung für Interessenten der Phänomenologie, deren Rezeption durch Derrida kenntnisreich dargestellt wird unter Vernachlässigung anderer Aspekte in seinem Werk.)

Dünkelsbühler, Ulrike: Kritik der Rahmen-Vernunft. Parergon-Versionen nach Kant und Derrida. München 1991. (Studie zum Parergon-Begriff im Werk *Die Wahrheit in der Malerei*, zu seiner Herkunft von Kant und zu dessen »Analytik des Erhabenen« als Trauerarbeit.)

Englert, Klaus: Jacques Derrida. Stuttgart 2009. (Eine sehr pointierte Einführung besonders in das ästhetische Schaffen Derridas mit dem Schwerpunkt Architektur.)

Forget, Philippe (Hrsg.): Text und Interpretation. Deutsch-französische Debatte mit Beiträgen von J. Derrida, Ph. Forget, M. Frank, H.-G. Gadamer, J. Greisch und F. Laruelle. München 1984. (Erste Dokumentation der Interpretationskontroverse zwischen Derrida und Gadamer über die »guten« Absichten eines hermeneutischen Willens, Texte zu verstehen.)

Frank, Manfred: Was ist Neostrukturalismus? Frankfurt a. M. 1984. (Erste Rekonstruktion des philosophischen Ansatzes der Husserl- und Heidegger-Kritik sowie der Searle-Debatte vor dem Hintergrund einer Überwindung des Strukturalismus.)

Gondek, Hans-Dieter / Waldenfels, Bernhard (Hrsg.): Einsätze des Denkens. Zur Philosophie von Jacques Derrida. Frankfurt a. M. 1997. (Einschlägige Beiträge zum Werk, besonders zur Thematik der Gabe und der Ethik.)

Hitz, Torsten: Jacques Derridas praktische Philosophie. München 2005. (Ausgehend von der Auseinandersetzung mit der Sprechakttheorie werden die ethisch-politischen Ausführungen zu Recht und Gerechtigkeit, Freundschaft und Demokratie im Vergleich mit den Ansätzen von Rawls und anderen entwickelt.)

Höflinger, Jean-Claude: Jacques Derridas Husserl-Lektüren. Würzburg

1995. (Die Doktorarbeit konzentriert sich auf Derridas Husserl-Lektüre und gibt einen guten Einstieg in den Ansatz.)

Kimmerle, Heinz: Jacques Derrida zur Einführung. Hamburg [5]2000. (Sehr gut lesbare und für die philosophischen Zusammenhänge zuverlässige Einführung ins Gesamtwerk.)

Kofman, Sarah: Derrida lesen. Wien 1987. (Weniger als Einführung geeignet, aber intensive Lektüre Derridas mit Bezugnahme auf Freud und Diskussion der psychoanalytischen Begriffe.)

Krauß, Dietrich: Die Politik der Dekonstruktion. Politische und ethische Konzepte im Werk von Jacques Derrida. Frankfurt a. M. 2001. (Darstellung der ethischen Dimension im Gesamtwerk und detaillierte Rekonstruktion der Rechtsauffassung.)

Lagemann, Jörg / Gloy, Klaus: Dem Zeichen auf der Spur. Derrida – Eine Einführung. Aachen 1998. (Eine gut lesbare Rekonstruktion der semiotischen Grundannahmen der frühen Werke Derridas.)

Lenger, Hans-Joachim / Tholen, Georg Christoph (Hrsg.): Mnema. Derrida zum Andenken. Bielefeld 2007. (Einschlägige Beiträge zu den unterschiedlichsten Themen des Gesamtwerks mit vertiefenden Lektüren.)

Lüdemann, Susanne: Jacques Derrida. Zur Einführung. Hamburg 2011. (Ein gut lesbarer Überblick mit Schwerpunkt auf dem politischen Engagement des späten Derrida.)

Menke, Bettine: Dekonstruktion – Lektüre: Derrida literaturtheoretisch. In: Klaus-Michael Bogdal (Hrsg.): Neue Literaturtheorien. Eine Einführung. Opladen [2]1997. S. 242–273. (Erste und gelungene Anwendung Derridas auf literaturwissenschaftliche Fragen.)

Menke, Christoph: Die Souveränität der Kunst. Ästhetische Erfahrung nach Adorno und Derrida. Frankfurt a. M. 1988. (Die Studie betont den ästhetischen Ansatz des derridaschen Denkens und vergleicht ihn mit dem von Adorno.)

Norris, Christopher / Benjamin, Andrew: Was ist Dekonstruktion? Zürich/München 1990. (Aufsatzsammlung, die Derridas Kunsttheorie vor dem Hintergrund der Postmoderne-Debatte darstellt und anhand von architektonischen Beispielen diskutiert.)

Papadakis, Andreas (Hrsg.): Dekonstruktivismus. Eine Anthologie. Stuttgart 1989. (Umfangreichste und informativste Textsammlung zum Thema Postmoderne und Architektur mit Beispielen von Libeskind, Tschumi, Eisenman und Textbeiträgen von Derrida.)

Peeters, Benoît: Derrida. Paris 2010. (Dt.: Jacques Derrida. Eine Biographie. Übers. von Horst Brühmann. Frankfurt a. M. 2013.)

Rösch, Thomas: Kunst und Dekonstruktion. Serielle Ästhetik in den Texten von Jacques Derrida. Wien 2008. (Genaue Interpretation des Buchs *Die Wahrheit in der Malerei* und der Auseinandersetzung mit den dort genannten Künstlern unter dem Gesichtspunkt der Serialität.)

Thiel, Detlef: Über die Genese philosophischer Texte. Studien zu Jacques Derrida. Freiburg/München 1990. (Diese sehr gut lesbare Untersuchung des Schriftbegriffs ausgehend von der *Grammatologie* fokussiert auch den Zusammenhang mit der Zeitproblematik und der textuellen Materialität philosophischen Denkens.)

Wetzel, Michael: Ästhetik der Wiedergabe. Heideggers Ursprungstheorie des Kunstwerks und ihre Dekonstruktion. In: Jürgen Stöhr (Hrsg.): Ästhetische Erfahrung heute. Köln 1996. S. 86–125. (Ausgehend von der *Wahrheit in der Malerei* wird der Bezug zu Heideggers Ursprung des Kunstwerks sowie zur Cézanne- und Van-Gogh-Interpretation diskutiert.)

Wetzel, Michael / Rabaté, Jean-Michel (Hrsg.): Ethik der Gabe. Denken nach Jacques Derrida. Berlin 1993. (Festschrift zum 60. Geburtstag von Derrida, deren internationale Beiträge die verschiedenen Motive seines Werkes unter den Gesichtspunkten von Ethik und Gabe beleuchten.)

Wigley, Mark: Architektur und Dekonstruktion: Derridas Phantom. Basel [u. a.] 1994. (Detaillierte Diskussion aller architektonischen Motive und Metaphern mit gleichzeitiger Konzentration auf die Heidegger-Rezeption.)

Abstand (frz. *écart*) / **Anschnitt** (frz. *entame*) Da der Schriftbegriff Derridas über eine räumliche Struktur des Aufschubs gedacht ist, spielen topologische Begriffe eine eminente Rolle (vgl. z. B. die methodische Metapher »Randgänge«). Ziel der Dekonstruktion ist es, die Bedeutungsverweisungen durch Markierung der Abstände aufklaffen zu lassen und eine Schließung zur Sinnidentität durch das ständige Anschneiden neuer Fragen und damit buchstäblich des Begriffskorpus zu vermeiden, und zwar durch einen differenziellen Anschnitt, der weder die Integrität eines Anfangs noch die einfache Kontingenz eines Einschnitts besitzt.

Apokalypse (griech., ›Enthüllung‹, ›Offenbarung‹) Derrida erinnert immer wieder an die etymologische Doppeldeutigkeit (»Entschleiern« und übertragen »Jüngster Tag«), die für ihn in der Tradition der Aufklärung eine wachsame Entmystifizierung des endzeitlichen apokalyptischen Wahns einer letzten Wahrheit, einer letzten Enthüllung der Wahrheit aller Wahrheit verlangt.

Aporie (griech., ›Weg-/Steglosigkeit‹) Aporien verdanken sich dem Aushalten des Widerspruchs und bestimmen so als Möglichkeit der Unmöglichkeit durchweg das Denken Derridas. Ausgehend von der Diskussion des Todes bei Heidegger, der den Tod denkbar, aber nicht erfahrbar nennt, ist für ihn die Zeit die grundlegendste Aporie. Sie kann bestimmt werden als Folge von Jetzt-Punkten, entzieht sich aber in diesen als das Absente eines Nicht-Mehr und eines Noch-Nicht. Derrida spricht in diesem Zusammenhang auch wie bei jeder Begriffsbestimmung von »Unentscheidbarkeit« der Referenz. Andere Beispiele sind die ethische »Verantwortung«, die als Pflicht besteht, aber in keiner Regel und keinem Gesetz verankert werden kann, sowie die Gerechtigkeit in ihrer unentscheidbaren Doppelung von Recht und Gewalt.

Bestimmungsirrung (frz. *destinérrance*) Gegen Lacans psychoanalytische Deutung von Poes Erzählung *Der entwendete Brief* entwickelt Derrida das »postalische Prinzip«, dass jede Sendung immer auch nicht an ihrem Bestimmungsort ankommen kann, da weder der Weg noch das Ziel eines »Geschicks« in seiner zufälligen Schicksalhaftigkeit bestimmbar ist. Der Neologismus erinnert auch an die durch Begriffe wie »différance«, »Aufschub« oder »Verräumlichung« generell unterstrichene Medialität des Sinns, der gerade lesbar wird, weil er nicht in einer ursprünglichen oder endgültigen Bedeutung aufgeht, sondern »Sendung«, »Schickung« oder »Aufgabe« bleibt.

Chora (griech., ›Ort‹, ›Stätte‹) Der Begriff wird von Platon im Timaios als dritte Gattung zwischen Sein und Werden eingeführt, die das »Worin« des Werdens, das Aufnehmende oder Tragende bezeichnet. Derrida radikalisiert diese mediale Funktion zu der eines ermöglichenden Statt-Gebens als Ort eines Dazwischenseins, das jedoch nicht positiv bestimmt werden kann, sondern neutral bleibt und keinem der Gegensätze angehört. Als Matrix gehört die Chora zu einer Räumlichkeit der Passage, wie Derrida sie auch in seinen architektonischen Modellen einer Faltung darstellt, die einer ständigen Veränderung in der Zeit unterworfen ist.

Dekonstruktion Derridas Philosophie wird oft mit diesem Begriff gleichgesetzt und als Dekonstruktivismus bezeichnet. Der Begriff schließt an Heideggers »Destruktion« des traditionellen Sinnhorizonts der Ontologie an, verbindet sie aber mit dem konstruktiven Aspekt einer Relektüre der genealogischen Rahmenbedingungen. Es geht um eine doppelte Geste, die einen vertrauten Bedeutungszusammenhang erschüttert, um einen verborgenen, verdrängten Überschuss an Sinn freizusetzen. Insofern betont Derrida auch immer wieder, dass Dekonstruieren nicht von außen her erfolgt, sondern ein Sagen-Wollen, ein Überborden im Begriff selbst bemerken beziehungsweise »re-markieren« will.

Différance Der von Derrida geprägte und unübersetzbare Neologismus, der mit der lautlichen Unhörbarkeit der abweichenden Schreibweise von »différence« mit »a« spielt, bezeichnet zugleich die Bewegung, durch Aufschieben (*différer*), Übertragen, Zurückhalten, Abweichen oder Umweg Differenzen herzustellen, und die gemeinsame

Wurzel aller begrifflichen Gegensätze, die sich im Spiel der unentscheidbaren und unaufhebbaren Spannung entfalten. Der sicherlich berühmteste Neologismus Derridas, der sogar in den Sprachschatz des Französischen aufgenommen wurde, bezieht sich auf einen Prozess, der immer im Doppelspiel von zeitlichem und räumlichem Aufschub Bedeutung als Beziehung auf etwas anderes sich ereignen lässt.

Dissemination (bot.: Aussamung; med.: Streuung/Ausbreitung) Bezeichnet als Metapher eine Verteilung von Sinn, die nicht der semantischen Ordnung der Zeichen folgt. Derrida insistiert auf der Differenz gegenüber einer Polysemie, da sich die Dissemination weder auf eine Ursprungs- noch auf eine Zielbedeutung reduzieren lässt. Typische, davon abgeleitete botanische Metaphern sind die »Pfropfung« als Aufsetzen eines Begriffs oder eines Diskurses auf einen anderen Kontext oder das »Aufblühen«, das die plötzliche Entfaltung der unterschiedlichsten Sinnverweise meint. Zum Ausdruck kommt darin eine generelle Zitathaftigkeit des Sprechens (und des Schreibens), deren Vermischung keinen Unterschied zwischen reiner oder unreiner Verbindung kennt.

Freundschaft/Gastfreundschaft Diese von Aristoteles und Montaigne her entwickelte Kategorie der Intersubjektivität nimmt bei Derrida eine große Rolle für das politische Denken von Gemeinschaft und Nation ein. An der Frage der Freundschaft sowie zugleich der Feindschaft entzündet sich ein Denken der Demokratie, das für Derrida nie auf ein historisches Faktum verweist, sondern als die regulative Idee einer kommenden Demokratie zur Aufgabe wird. Die radikalste Probe hierfür sieht er in einer »unbedingten« Gastfreundschaft, die dem Anderen als Fremden das bedingungslose Recht auf Aufnahme, auf Asyl einräumt. Mit dieser Ethik der Gastfreundschaft reagiert Derrida auch auf die politisch veränderte Situation in Europa mit ihren Grenzöffnungen und neuen Feindschaften sowie nationalistischen beziehungsweise fremdenfeindlichen Ausgrenzungen, zu denen er auch die Diffamierung als »Schurke« zählt, eine Abwertung des anderen, die auf einen Machtmissbrauch derjenigen verweist, die sich zu einem solchen Urteil autorisiert sehen.

Gabe Ausgehend von den ethnologischen Untersuchungen Marcel Mauss' zum Gabentausch entwickelt Derrida das ethisch anspruchsvolle Programm eines bedingungslosen Gebens, das den dort analysierten Kategorien sozialer Verbindlichkeit, Verpflichtung oder Verschuldung durch Gegengaben und anerkennenden Dank entgeht. Das Ideal der Gabe wäre also ein Geben ohne Tauschäquivalenz, das überraschend kommt und nicht zirkulär ist und das vor allem nicht der Logik von Berechenbarkeit und Kalkül gehorcht. Ontologisch gesehen geht das aleatorische Ereignis der Gabe von seiner eigenen Unmöglichkeit im »Seinsgeschick« des schon von Heidegger und Levinas gewürdigten »es gibt« aus. Im Sinne der indogermanischen Etymologie von »Gift« (z. B. »Mitgift«) erinnert Derrida zugleich an die Doppeldeutigkeit der Gabe als Geschenk und Gift, wie sie in der zerstörerischen Verausgabung oder im »Pharmakon« (Heilmittel und Gift – je nach Dosierung) sichtbar wird.

Gespenster In polemischer Absicht wird dieser Begriff zusammen mit dem des »Geistes« oder des »Phantoms« immer wieder benutzt, um das Unheimliche der Wiederholung als Wiedergängertum (als ontologische »Hantologie«, abgeleitet von frz. *hanter* ›heimsuchen‹) und metaphysisches »Doppelgängertum« zu klassifizieren (z. B. der Weltgeist bei Hegel oder der völkische Geist bei Heidegger). Eine besondere Rolle spielt das Wort »Gespenster« in Derridas Marx-Interpretation, in der er den Kommunismus als »umhergehendes Gespenst« (Marx) von dessen kritischem Erbe eines zukunftsweisenden »Messianischen« ohne heilsversprechenden »Messianismus« unterscheidet. Phänomene des Gespenstischen (frz. *spectre* ›Gespenst‹) als Spektralisierung spielen aber auch – ausgehend von christlichen Figuren der Eucharistie – eine Rolle in Derridas Kritik an medialen Botschaften als Unterstellung der teletechnologischen Realpräsenz des Gegenstandes qua »unsinnliches Sinnliches« einer Transsubstantiation.

Gramma/Graphem (Grammatologie) Derrida will nicht seine Wissenschaft von der Schrift als Ordnung des Buchstabens gegen die Stimme stellen, vielmehr sollen in dem, was er auch als »Ur-Schrift« bezeichnet, all die verdrängten Momente der Gewalt, des Betrugs von ihrer nichtphonetischen Charakteristik her als Differenz mitgedacht sein. Mit »Gramma« oder »Graphem« wird das Element bezeichnet, das nicht einen Sinn als Zeichen aufbewahrt/repräsentiert, sondern als Bezeichnendes (Signifikant) durch die Einschreibung einer Spur hervorbringt. Insofern impliziert die Grammatologie eine gewisse Materialität der Schrift, die aber nicht auf eine Metaphysik der Schrift hinausläuft, da das Aufeinander-Verweisen der Zeichen sich in keiner ursprünglichen und transzendentalen Bedeutung (Signifikat) rezentrieren lässt.

Iterabilität Abgeleitet von dem Sanskritwort *itara* (›anders/anderes‹) umfasst dieser Begriff die für jede Zeichenkonstitution unverzichtbare Wiederholung und zugleich eine Verschiebung des Sinns, verbindet also Identität mit Differenz. Durch die Wiederholung wird jede Aussage in gewisser Weise zum Zitat und unterminiert die Vorstellung von Sättigung und Selbstpräsenz eines totalen Kontextes, um sich zugleich von der ereignishaften und einmaligen Intention des Entstehens zu lösen.

Logozentrismus Dieser Begriff ist als polemischer Einsatz am populärsten geworden, um Derridas Kritik an der abendländischen Metaphysik und ihrer Fixiertheit auf den bei sich selbst seienden, identischen »Logos« Ausdruck zu verleihen. Die platonische Unterstellung eines Ideenreiches steht auch im engen Zusammenhang mit dem Phonozentrismus als Privilegierung der Stimme im Sinne einer Nähe zu sich oder Selbstaffektion des Logos im Hauch unter Ausschluss der Schrift als Entfremdung im Anderen einer Verkörperung.

Signatur Wie für den gesamten Strukturalismus/Poststrukturalismus ist auch für Derrida die Frage nach dem Autor beziehungsweise ihr Dekonstruktionspotenzial zentral. Die Zirkulation der Zeichen erfolgt nicht völlig subjektlos, sie wird vom sogenannten Autor angeeignet, indem er signiert. Diese Signatur muss als solche wiederholbar sein (Iterabilität) und vom Rezipienten gegengezeichnet werden (durch eine »counter-signature«), um die Autorschaft lesbar zu machen und anzuerkennen.

Unentscheidbarkeit (auch »double marque« oder »Double-bind«) Spätestens seit den Untersuchungen zur »Dissemination« richtet Derrida seine Aufmerksamkeit auf denjenigen Aspekt der Zeichen, der jede semantische Identität als Scheineinheit entlarvt und der binären Entgegensetzung von Begriffen widersteht, sie destabilisiert und ohne eine dialektische Aufhebung zu einem dritten Begriff dem endlosen Prozess einer Supplementarität unterwirft. Gemeint ist damit ein Oszillieren zwischen den Doppelmarkierungen oder Doppelbindungen/-tendenzen der Begriffe im Sinne eines »Weder-noch«, wie an den bekanntesten Beispielen, dem »Pharmakon« (als »Gabe« und »Gift«), dem »Hymen« (als abschirmende »Verhüllung« und eröffnende »Verbindung«), dem »Par-ergon« (als schmückendes »Beiwerk« und stiftender »Rahmen«), dem »Supplement« oder dem »Zeichen« (»gramma«), demonstriert wird.

Urspur/Spur (frz. *architrace*) Um das in der »différance« implizierte Moment der Absenz oder Unbewusstheit des Anderen zu spezifizieren, wird der Begriff der Spur stark gemacht, der mit »Schrift« oder »Urschrift« synonym ist und die Identifizierung eines Ursprungs unmöglich macht. Vielmehr verweist jede Spur auf eine andere Spur, die in ihr zum Erlöschen kommt, was Derrida auch als Prinzip der »Supplementarität« bezeichnet. In ihr kommt es gleichzeitig zu einem Entzug der Urspur, die sich im Rückgang auf einen Nicht-Ursprung konstituiert beziehungsweise in einem fortwährenden Prozess der Übertragung, den Derrida auch anhand der Funktionsweise des Unbewussten der Psychoanalyse beschreibt.

Verräumlichung/Temporalisierung Die grammatologisch verstandene Schrift setzt das gesprochene Wort einer ständigen Verräumlichung und Verzeitlichung (Temporalisierung) aus, in der es als Zeichen mit dem Anderen seiner Materialität, seinem Aufschub als Spur und damit auch mit seinem eigenen Tod in Beziehung gesetzt wird. Raum und Zeit sind für Derrida die beiden wichtigsten Kategorien einer Materialität der Zeichen, die dem »Logozentrismus« im Namen einer ursprünglichen Differenz oder Nichtidentität entgegenwirken.

Zeittafel

1930 Jacques Derrida wird am 15. Juli in El-Biar, Algerien, geboren.

1942 Aufgrund einer Verordnung des von Deutschland okkupierten Frankreichs, nach welcher der Anteil jüdischer Schüler zu reduzieren ist, wird Derrida vom Besuch des Ben-Aknoun-Lyzeums ausgeschlossen; im Folgejahr lernt er an einem Lyzeum für jüdische Schüler und Lehrer.

1948 Derrida macht sein Abitur am Gauthier Lyzeum; er nimmt das Grundstudium in Algier auf und zieht schließlich nach Paris, wo er Philosophie studiert.

1952–54 Studium an der École Normale Supérieure.

1957 Studienabschluss. Derrida wird Gasthörer in Harvard und heiratet die angehende Psychoanalytikerin Marguerite Aucouturier.

1957–59 Militärdienst, den Derrida als Schullehrer in Algerien während des Algerien-Krieges absolviert.

1962 Veröffentlichung seiner französischen Übersetzung von Edmund Husserls *Der Ursprung der Geometrie.* Seine 100-seitige Einführung zur Übersetzung wurde mit dem Jean-Cavailles-Preis in moderner Erkenntnistheorie ausgezeichnet.

1963 Geburt des ersten Sohnes, Pierre.

1964 Derrida nimmt eine Dozentur in Philosophiegeschichte an der École Normale Supérieure auf, die er bis 1984 innehat; in späteren Jahren erhält er zahlreiche Gastprofessuren in den Vereinigten Staaten (Johns Hopkins, Yale, Irvine, Cornell University, City University of New York).

1967 Geburt des zweiten Sohnes, Jean. Veröffentlichung von drei entscheidenden Arbeiten: *Die Stimme und das Phänomen, Grammatologie, Die Schrift und die Differenz.*

1970 Tod des Vaters, Aimé Derrida.

1972 Veröffentlichung von drei weiteren grundlegenden Arbeiten: *Positionen, Dissemination* und *Randgänge der Philosophie.*

1974 Veröffentlichung von *Glas.*

1978 Veröffentlichung von *Die Wahrheit in der Malerei.*

1980 Derrida verteidigt seine Habilitation an der Sorbonne mit der

Präsentation einer Auswahl seiner bisher erschienenen Arbeiten. In Frankreich wird eine Konferenz zu seinem Werk organisiert (*Les fins de l'homme*) und *Die Postkarte von Sokrates bis an Freud und jenseits* veröffentlicht.

1982 Der französische Minister für Forschung und Technologie beruft Derrida als Leiter des Gründungkomitees eines Instituts für Philosophie und interdisziplinäre Forschung (Collège international de philosophie).

1983 Derrida wird auf eine neue Stelle an der École des hautes études en sciences sociales (Paris) berufen.

1984 Geburt des dritten Sohnes, Daniel (zus. mit Sylviane Agacinski).

1986 Zusammenarbeit mit den Architekten Bernard Tschumi und Peter Eisenman beim »Parc de la Villette« in Paris.

1987 Debatten mit großem Medienecho, in denen Dekonstruktion mit faschistischer Ideologie verbunden wird; Grund hierfür sind Artikel, die in den Jahren 1940 bis 1942 in einer belgischen Kollaborationszeitung von Paul de Man publiziert worden sind, sowie die Veröffentlichung von Victor Farias *Heidegger und der Nationalsozialismus*.

1991 Tod der Mutter, Georgette Derrida.

1994 Veröffentlichung von *Politik der Freundschaft*.

1999 Premiere des Films *Apropos Derrida* von Safaa Fathy.

2001 Derrida erhält den Theodor-W.-Adorno-Preis der Stadt Frankfurt a. M.

2002 Premiere des Films *Derrida* von Kirby Dick und Amy Ziering Kofman.

2004 Veröffentlichung von *Schurken*.
Derrida stirbt am 8. Oktober 74-jährig an Bauchspeicheldrüsenkrebs.

Zum Autor

MICHAEL WETZEL, geboren 1952, war Professor für Neuere deutsche Literaturwissenschaft und Medienwissenschaft an der Universität Bonn.

Buchpublikationen u. a.: *Die Enden des Buches und die Wiederkehr der Schrift* (1990); *Die Wahrheit nach der Malerei* (1997); *Mignon: Die Kindsbraut als Phantasma der Goethezeit* (1999); *Neojaponismen. West-östliche Kopfkissen* (2018).

Michael Wetzel hat zudem zahlreiche Werke von Derrida übersetzt.